民國文化與文學研究文叢

三 編

李 怡 主編

第 **12** 冊

黑棉襖：民國文化中的舊市民電影
——1922～1931年現存中國電影文本讀解（下）

袁慶豐著

國家圖書館出版品預行編目資料

黑棉襖：民國文化中的舊市民電影——1922～1931年現存中
國電影文本讀解（下）／袁慶豐 著 -- 初版 -- 新北市：花木蘭
文化出版社，2014〔民103〕
目 2+170 面；19×26 公分
（民國文化與文學研究文叢 三編；第12冊）
ISBN 978-986-322-784-7（精裝）
1. 影評　2. 市民社會
541.26208　　　　　　　　　　　　　　　　103012749

特邀編委（以姓氏筆畫為序）：

丁　帆	王德威	宋如珊
岩佐昌暲	奚　密	張中良
張堂錡	張福貴	須文蔚
馮　鐵	劉秀美	

ISBN-978-986-322-784-7

9 789863 227847

民國文化與文學研究文叢
三 編　第十二冊　　　　　　　ISBN：978-986-322-784-7

黑棉襖：民國文化中的舊市民電影
—— 1922～1931年現存中國電影文本讀解（下）

作　　　者	袁慶豐
主　　　編	李　怡
企　　　劃	四川大學現代中國文化與文學研究中心
	民國文學與海外漢學研究中心（籌）
	北京師範大學民國歷史文化與文學研究中心
總 編 輯	杜潔祥
副總編輯	楊嘉樂
編　　　輯	許郁翎
出　　　版	花木蘭文化出版社
社　　　長	高小娟
聯絡地址	235 新北市中和區中安街七二號十三樓
	電話：02-2923-1455／傳眞：02-2923-1452
網　　　址	http://www.huamulan.tw 信箱 hml810518@gmail.com
印　　　刷	普羅文化出版廣告事業
初　　　版	2014 年 9 月
定　　　價	三編 20 冊（精裝）新台幣 35,000 元

黑棉襖：民國文化中的舊市民電影
——1922～1931年現存中國電影文本讀解（下）

袁慶豐　著

目
次

第玖章 舊市民電影的情色、打鬥與噱頭、滑稽特徵的又一新證據——以 1929 年華劇影片公司出品的武俠片《女俠白玫瑰》爲例

閱讀指要：

　　作爲舊市民電影的重要組成部分，1920 年代末期興起的武俠電影，從主題思想、題材選擇，到藝術範式、表現形式和經典元素的模式化使用，無不是舊市民電影特徵的內在和外在體現。舊市民電影當中的倫理綱常和傳統文化，既是武俠片的核心所在，也是與情色、打鬥、鬧劇、噱頭、滑稽等要素一樣不可或缺的組成。實際上，當時的任何--部武俠片，既是一個倫理說教的武打版，也是一個各種雜耍把式的影像大雜燴。現今公眾可以看到的《女俠白玫瑰》就是如此，只不過，它的情色表達有顯性和隱性之分。

關鍵詞：舊市民電影；武俠片；情色；打鬥；噱頭；鬧劇；

《女俠白玫瑰》截圖之一、二

專業鏈接 1：《女俠白玫瑰》（又名《白玫瑰》，故事片，黑白，無聲），華劇影
片公司 1929 年出品。現存（北京）中國電影資料館（VCD 視頻）
殘片時長：28 分 5 秒。

>>> **編劇**：古劍塵；**導演**：張惠民；**攝影**：湯劍庭。

>>> **主演**：吳素馨（飾演女俠白玫瑰）、阮聖鐸（飾演俠客武志
遠）、盛小天。

專業鏈接 2：原片（殘留）片頭及演職員表字幕

布景兼書幕：沈文俊

SETTING AND CHARACTER-WRITER　SUN VEN CHIN

演員表：

白素瑛（即女俠白玫瑰）……… 吳素馨飾

孫　氏 ……… 沈麗霞飾

尤　三 ……… 高冠豪飾

白士清 ……… 時覺非飾

胡牧長 ……… 周鵑紅飾

潘德標 ……… 盛小天飾

牛　氏 ……… 丁華氏飾

潘　豪 ……… 林鵬飛飾

潘　傑 ……… 陳恩培飾

白鐵民 ……… 沈文俊飾

武志遠 ……… 阮聖鐸飾

武肖珍 ……… 張劍英飾

武肖嫦 ……… 吳素素飾

肥　夥 ……… 黃景州飾

白素瑛為校中高材生，平時喜於襟上佩白玫瑰，並好輿不平事，同學中多以女俠白玫瑰尊之：吳素馨飾

Pei Su Ying is a student of excellent ability in the school. She often pins a white rose on her coat and is fond of acrossing any irrationalities, so the schoolmates address her the white rose heroine.　White rose woo.

鞏堡之俠士武志遠自黑雲洞學劍歸家：阮聖鐸飾

Wu-Tsi-Yuan, a hero of Kung-poh is coming back from the black-cloud cave where he had been trained in fencing.　S.D.Yuan

□□□□

專業鏈接 3：影片鏡頭統計

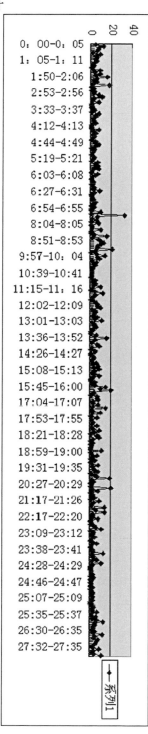

說明：《女俠白玫瑰》現存殘片時長爲 28 分 5 秒，共 376 個鏡頭，其中：

甲、小於和等於 5 秒的鏡頭 274 個，大於 5 秒、小於和等於 10 秒的鏡頭 77 個，大於 10 秒、小於和等於 15 秒的鏡頭 16 個，大於 15 秒、小於和等於 20 秒的鏡頭 7 個，大於 20 秒、小於和等於 25 秒的鏡頭 1 個，大於 25 秒、小於和等於 30 秒的鏡頭 0 個，大於 30 秒、小於和等於 35 秒的鏡頭 1 個，大於 35 秒的鏡頭 0 個。

乙、片頭鏡頭 3 個；字幕鏡頭 35 個，其中交代劇情的鏡頭 5 個，交代人物鏡頭 2 個，對話鏡頭 28 個。

丙、固定鏡頭 318 個；運動鏡頭 20 個。

丁、遠景鏡頭 62 個，全景鏡頭 65 個，中景鏡頭 79 個，近景鏡頭 127 個，特寫鏡頭 5 個。

（數據統計與圖表製作：喬潔瓊；核實：李槱雄）

專業鏈接 4：現今影片觀賞指數（個人推薦）：★☆☆☆☆

《女俠白玫瑰》截圖之三、四

甲、前面的話

《女俠白玫瑰》這部影片，在 1949 年前後的中國電影史研究中幾乎難覓蹤迹。無論 1930 年代的《現代中國電影史略》[1]，還是 1960 年代大陸出版的《中國電影發展史》[2]，均無涉及。至於 1990 年代以後大陸的研究著述，譬如《中國無聲電影史》[3]、《民國影壇紀實》[4]、《中國電影文化史》[5]、《影像時代——中國電影簡史》[6]、《中國早期電影史：1896～1937》[7]，以及香港方面的討論，譬如《中國銀壇外史》[8]，也未找到對這部影片的隻言片語。《中國電影發展史》倒是提到了同樣是由華劇影片公司出品於 1929 年的影片《白玫瑰》，其具體影片信息如下：編劇：谷劍塵，導演：張惠民，攝影師：湯劍庭，主要演員：吳素馨、阮聖鐸、盛小天 [9] P588。

檢索民國時代的報刊，發見如下圖片和資料。

其一、刊登在 1929 年上海出版的第 11～12 期《電影月報》（第 10 頁）上的照片，題爲：「華劇新片　女俠白玫瑰　吳素馨飾」（圖一〔註 1〕）。

華劇新片　女俠白玫瑰現　吳素馨飾

（圖一）

〔註 1〕《電影月報》係老上海電影期刊，從 1928 年 4 月創刊，到 1929 年 9 月爲止，共發行 12 期。其中第 11、12 期爲合刊。該刊由周劍雲、徐碧波等編輯，六合影片公司發行。

其二、登載於上海出版的《新銀星》（1929 年第 11 期之第 24 頁）雜誌上的一張照片，原題作：吳素馨在「女俠白玫瑰」之化裝（圖二〔註2〕）。

（圖二）

〔註 2〕《新銀星》於 1928 年 8 月出版第一期，由「良友三巨頭」之一的陳炳洪主編，從第 20 期起，與良友公司的《體育世界》合併，改名爲《新銀星與體育》。

其三，檢索《申報》發現，1929 年 9 月 10 日～15 日，《申報》刊登了影片《女俠白玫瑰》的廣告信息，共 6 次（日）。下面所選取的圖片來源於 10日、12 日、14 日的版面。

（圖三〔註3〕）

兩廂對照，再參證現存影片文本，能夠肯定的是，《中國電影發展史》提到的《白玫瑰》[10] P588，就是本書要討論的《女俠白玫瑰》。而「發展史」之所以少了「女俠」二字，應該是編排上的疏漏。值得注意的是，一些 1920 年代末期的「武俠片」，重「俠」少「武」，實際上打戲並不多；譬如現今「能看到的影片如《紅俠》、《女俠白玫瑰》、《甘氏兩小俠》、《荒江女俠》等等，都是以俠爲本而武打較少的；從劇本及本事看，其它的影片中，包括《火燒紅蓮寺》的前幾集，也沒有武勝俠或以武打爲主的情況」[11]。但這一點並不影響我對這部影片的基本論斷，即，這部《女俠白玫瑰》，與同時期的《紅俠》一樣，依然都屬於舊市民電影範疇[12]。

乙、情色元素在《女俠白玫瑰》中的顯性和隱性體現

我把 1932 年左翼電影出現之前的電影，稱爲「舊市民電影」[13]。換言之，舊市民電影是 1905～1931 年 28 年間中國電影的唯一面貌，或曰主流電影；

〔註3〕《女俠白玫瑰》在《申報》（1929 年 9 月 10 日，第 20284 號）上刊登的廣告。
　　　圖片來源：《申報》影印本，第 262 冊，第 297 頁，上海書店，1982 年版。

其主題和題材基本局限於兩大類，一是婚戀、家庭，二是鬧劇、噱頭與武俠、打鬥。因此，無論是從主題和題材，還是從類型、範疇上說，武俠片其實是舊市民電影的一個組成部分。

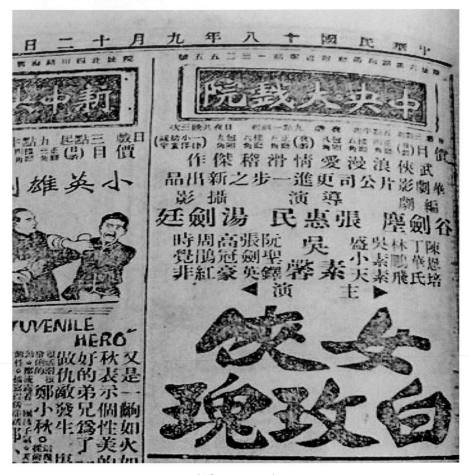

（圖四〔註4〕）

中國電影始終注重倫理教化，譬如主導1920年代中國電影潮流的明星影片公司掌門人鄭正秋就說：「明星作品……破題兒第一遭事，不可無正當之主義揭示於社會」[14]。1928年後，漸成高潮的武俠片在這方面並無二致，依然是以傳統倫理道德為軸心，宣揚懲惡揚善、尊重倫理秩序。《紅俠》當中那個僕人，之所以被主人攆走，是因為其違背主僕倫理在先，最後被俠客所殺。

〔註4〕《女俠白玫瑰》在《申報》（1929年9月12日，第20286號）上刊登的廣告。
圖片來源：《申報》影印本，第262冊，第359頁，上海書店，1982年版。以上圖片的核實翻拍，均由李豔完成，特此申明致謝。

用現今的話來說，就是弘揚正氣，傳遞正能量。這一點表現在婚姻戀愛的題材當中，就是對父母之命、媒妁之言的尊重。這種現象的根本原因，就是舊市民電影所依託的文化資源是舊文化、舊文學，即傳統文化。

《女俠白玫瑰》截圖之五、六

這個「舊」是相對於新文學、新文化的「新」而言，並不是絕對意義上的舊。因為一切新的東西其實也是舊的貫穿，譬如所謂「尊老愛幼」，你總不能說這個今天才有，或一向被某國所獨有。因此，這裡的新舊文化、新舊文學，沒有此「是」而彼「非」的意味，而僅僅是出現時間和表現形態上的區別性的稱謂。同樣，情色也是傳統文化中的結構性元素之一。譬如人們常說中國古典文學有「四大名著」，但卻不包括《金瓶梅》。而實際上，沒有《金瓶梅》也就沒有所謂「四大名著」。

因此，情色既沒有新與舊、也沒有錯與對的問題，更沒有革命的或先進的情色，或反革命的或落後的情色之分。情色是舊文化、舊文學中的一個重要組成部分，新文學、新文化中也沒有去除或排斥這些。具體地說，舊市民電影中有情色元素，新電影尤其是左翼電影中也有。因此，《女俠白玫瑰》出現情色並無特殊之處，而是由舊市民電影其它特徵，譬如低俗性、娛樂性或者是市場性所決定的[15]。只不過，在《女俠白玫瑰》中分為顯性和隱性兩種。

子、情色的顯性表達。最好的和最明顯的例證可以以《紅俠》為例，雖說《紅俠》是老俠與女俠聯袂出場，快意恩仇，但影片的賣點，無論是當時還是現在，恐怕都得承認，賊人身邊那八個半裸的侍女最是搶眼。這顯然是對女性身體各種意義上的消費，譬如市場性的文化消費或審美消費。《女俠白玫瑰》也沒有例外，影片一開始，就是一段　「女子體（育）專（科）」學校運動會的段落，而且長達三分多鐘。幾十個身材勻稱的女學生在操場上不斷

變換隊形，表演著健美操。

這應該是從當時的新聞紀錄片摳出來的一段。證據是，但凡有女主角的鏡頭，始終是單人近景的俯拍或側拍，背景是空曠的草地操場。爲什麼不使用正常的機位，即平視角度？因爲那樣的話，就跟女學生們表演健美操的全景景別銜接不上了。其次，一個武俠片，拍女主人公的功夫了得，無論怎樣渲染都 OK，但爲什麼要反覆給出那些女生們的全景鏡頭？稍作留意，便恍然大悟：這些表演健美操的女生，一色的緊身白衣和及膝黑裙，一律上露胳膊，下露小腿。全景鏡頭中，但見美女如蜂，玉腿如林。

顯然，1920 年代，觀眾（或者說是製片方）除了對《盤絲洞》（1929）這樣身著古代服裝的裸露感興趣外，還應該對身著現代服裝的女性感興趣，尤其是女學生。就《女俠白玫瑰》來看，眾多女學生表演健美操的段落和鏡頭，顯然是展覽美色，也就是情色表現之一種。與影片後面的情節發展沒有直接的關聯。唯一的關聯，就是女學生隊列比賽以後，校長獎勵給女主人公一套「巾幗英雄服裝」，以資鼓勵。這種聯繫非常微弱，幾乎不在觀眾的考慮之內，因爲大家要看的就現代服裝版的「女體盛」。

《女俠白玫瑰》截圖之七、八

相較於《紅俠》中對女體的直接裸露，《女俠白玫瑰》當中情色的體現還有一個更爲特殊地方，那就是「女扮男裝」所形成的「性別角色錯位」效果，我把《女俠白玫瑰》這個有別於一般武俠片情色表現的地方稱之爲情色的隱性表達。這是因爲，「性別角色錯位」涉及到一個性心理學中深層次的東西。一般人對於性別的接受和欣賞，基本上遵循公認的模式，即男對女或女對男的異性戀模式。顯然，這是一個相對規範的、正常或曰慣常的性心理模式。之所以說這是相對的，是因爲它並非人類唯一的性心理模式。

子、情色的隱性表達

　　人的性心理審美，即使對於正常的性取向或是性選擇來說，也會時不時地逸出軌道——需要聲明的是，這種短時間的，或在特定情境下的偏離軌道的運行，也屬於正常範圍——在實際的性審美過程中，這種逸出和偏離其實是所在多見，譬如同性間的單向或相互欣賞乃至激賞。之所以又說它是正常的，是因爲它只局限於心理活動而不涉及具體的性行爲，即局限於審美層面的心理波動〔註5〕。

　　但問題是，就男性視角而言，把審美對象從異性再轉回到同性，這種審美活動就比較複雜。這既是《女俠白玫瑰》比較特殊的地方，也是類似的武俠片值得研究者關注思考之處。譬如女主演吳素馨明明是女的，一個漂亮女人，你讓她女扮男裝，這時候引發的觀眾審美反應，對一般人來說就難免有逸出常規、甚至產生軌道偏移的心理波動。這是因爲從影片一開始，觀眾本是從欣賞女人的角度去欣賞、用衡量女人的標準去衡量的；但當女主演從女人變成了一個男人，但同時又在實際上並沒有完全去除女性特徵時，這時再去欣賞她的「英武」或俠義，就會產生一種非常怪的感覺，甚至給人一種「隔應」的感受。

《女俠白玫瑰》截圖之九、十

　　同樣，假使一個男人如果扮成女人來表演，也會對一般觀眾產生某種心理乃至生理的應激反應。心理敏感度高或者是堅定的異性戀者往往會有不欣賞的態度，至於完全不接受的反應更是正常。譬如就是在 1920 年代中期，魯

〔註5〕對於男性來說，這種審美層面的運行，並不排除往深層次發展的可能。譬如說在某種特定的情況下，他可能進入到下一層次乃至於實體的相愛。女性也是如此。女人看到美麗的同性，常常表現爲羨慕嫉妒恨。這些都是一種審美過程體現，只不過嫉妒是一種特殊的表現，恨就到了極端。

迅就曾以挖苦的態度說，「我們中國的最偉大最永久的藝術是男人扮女人」，這句話既是指向京劇藝術，也是指向當紅的京劇表演大家梅蘭芳[16]。魯迅討厭和不喜歡二者的原因很多，其中之一就是因爲其必須男扮女裝。我認爲，魯迅的這種心理反應，代表著絕大多的男性，因爲它打破了一般的、常規的心理模式。

從電影的角度講，這種女扮男裝貌似出於市場化的考量，但從文化的角度講，早期電影尤其是被稱爲「影戲」的 1920 年代，這種打破常規的性審美表達，又與當時京劇表演不允許女性登臺的行業傳統有關。因此，與其說《女俠白玫瑰》中新的性審美模式源自以京劇爲代表的傳統戲劇文化，不如說這是影片情色元素的隱性存在和表達。這也是武俠片出奇制勝的市場法寶之一。那些老俠少俠，無論美醜，打來打去的，觀眾會覺得你再打也打不出什麼花兒來，但一個女扮男裝的形象和效果就大不一樣。說到底，藝術不就是追求新穎和新奇嗎？雖然，這很低俗，但中國早期電影就是「一種市民文藝，是一種都市娛樂」[17]，尤其是 1920 年代的電影，想不低俗都很難[18]。

《女俠白玫瑰》截圖之十一、十二

丙、《女俠白玫瑰》中的打鬥、噱頭、滑稽和特型演員

打鬥和噱頭始終既是舊市民電影重要的和顯著的特徵，也是其經典的藝術表現手法；或者說，是其慣用的組合元素。譬如現存的、公眾可以看到的最早的影片是《勞工之愛情》（《擲果緣》，1922），其主題和題材是所謂都市裏的自由戀愛，但直至今天，影片的看點或曰亮點，依然是主人公鄭木匠暴打街頭混混，以及夜總會兩撥白相人爲爭奪小姐而混戰的打戲，以及鄭木匠把樓梯改成滑梯嚴懲樓上鳥男女們的場面。換言之，打鬥和噱頭及其戲份的編排既是舊市民電影與生俱來的特徵，也是中國早期電影重要的藝術體現形

式之一。譬如 1910 年代前後，商務印書館影戲部和亞細亞影戲公司拍攝的所謂「新劇片」有三類，其中一類的「滑稽短片」，就是「滑稽打鬧鏡頭的生硬拼貼」，另一類是「神怪加武打」[19] P35。二者共同之處，就是或「打」或「鬧」。

　　因此，作為舊市民電影重要構成之一的武俠片，也同樣離不開打鬥。只不過，武俠片將舊市民電影中的普通型打鬥上層次、成規模、固化為體系，將其轉化為一種模式化的善惡對決的比武形式而已。說到底，所謂武俠，從形式上講無非就是打架，好人和壞蛋，單打和群打，而且講究套路地打，打得更為正規化，所以嚴格意義上說，武俠就是既有文化傳統能量又有技術含量的打鬥。所以，《女俠白玫瑰》中的打鬥是有出處的，即可以視為武打和文打的結合（善惡對決、俠客比武），也可看作是老俠少俠、男俠女俠的功夫組合展示。

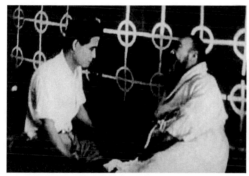

《女俠白玫瑰》截圖之十三、十四

　　至於噱頭，它既是舊市民電影的重要特徵和藝術表現形式，也往往與所謂「鬧劇」和「滑稽」密不可分、共為一體。這裡還是可以用 1910 年代前後商務印書館影戲部和亞細亞影戲公司拍攝的所謂「新劇片」為例，其中的「滑稽短片」是「滑稽」當頭，也就是「噱頭」當道，而另一類「將滑稽打鬧和封建說教生硬地扭結在一起的「警世趣劇」[20] P35。現今的人們已經看不到當時的影片，但閱讀一下那些花花綠綠的影片名稱，還是會大致明白這些影片的主旨，其主題思想和審美品味一望便知：

　　譬如《偷燒鴨》（1909）、《活無常》（《新娘花轎遇白無常》，1913）、《五福臨門》（《風流和尚》，1913）、《二百五白相城隍廟》（1913）、《殺子報》（《家庭血》，1913）、《店夥失票》（《發橫財》，1913）、《腳踏車闖禍》（1913）、《打城隍》（《三賊案》，1913）、《老少易妻》（1913）、《賭徒裝死》（《死人偷洋錢》，

1913）、《莊子劈棺》（1913）[21] P520~521，以及《死好賭》（1919）、《春香鬧學》（1920）、《得頭彩》（1921）、《呆婿祝壽》（1921）、《憨大捉賊》（1921）等[22] P521~522，不一而足。其中「滑稽打鬧」之所以膠著一處，事實上是「噱頭」在做怪。

鬧劇、噱頭或者滑稽，其源頭在於外國電影；也就是說，中國早期電影的這些特徵其來有自。換言之，電影最初出現的時候，這些就是其主題和題材的重點，想想那些被津津樂道的「經典」影片，人們看《火車進站》（1896）看的是什麼？僅僅是對於高科技場面的嚮往和信息索取嗎？不排除，有，但更主要、更重要的是滿足觀眾看熱鬧的心理；《工廠大門》（1895），同樣是是滿足觀眾對熱鬧場景的視覺性需求；《水澆園丁》（1895）看什麼？看園丁正常工作會有那麼大的興趣嗎？是在看滑稽和噱頭。

看熱鬧是人的一種本性，很少有人能夠遺世獨立，異於常人。自始至終，人類看熱鬧的心理依然頑強地體現出它的巨大慣性。譬如過去看熱鬧是到十字街頭，到火車站，到工廠大門，到人群密集場所，看人來人往吵嘴打架警察抓小偷人大打出手……，有了電影，人們借助這個媒介，既滿足了心理需求有保證了人身安全，……。時至今日，人們離開電影院到網上去看熱鬧……。有變化嗎？沒有。

那麼在《女俠白玫瑰》當中，當然很多噱頭、鬧劇和滑稽。譬如繩索的運用就有幾處。先是女俠被後面兩個人追趕時，女俠在城牆上把繩子套在另外一個同伴的脖子上當做固定物，然後飛身而下；俠客們埋伏在門邊，用繩子將追趕的人絆倒，再一索子捆綁起來。至於女俠深入「魔窟」後的那場戲，簡直就是噱頭、鬧劇和滑稽的大雜燴，廳堂成了雜技舞臺，樓梯成了滑梯，繩索在這裡又成了秋韆，女俠拽著它蕩到半空，讓壞人們東追西跑最後被打得東奔西去。這些都是噱頭、鬧劇和雜耍式的滑稽，因爲這些看上去都出乎常理，也只有電影能辦到這些、達到「動人」的「笑果」（效果）。可是話又說回來，人家演得高興，觀眾也看得高興。以今日之視角，是沒有什麼技術含量，但是有市場含量、經濟含量、消費含量，以及低俗的審美含量，外人和後人似乎毋庸置喙。實際上要說噱頭，最大的噱頭就是女俠白玫瑰的「女扮男裝」。

舊市民電影中的「滑稽」，除了始終與噱頭和鬧劇膠著、重合之外，還有一個突出的特點，或者說是製片方的吸金利器之一、影片的賣點，那就是滑

稽演員，或者稱之爲特型演員的出現以及塑造成型。這個道理很簡單，無論是打鬥、噱頭，還是鬧劇，無論是扮演者還是表現者，既然要滿足人們對看熱鬧的興趣，那就一定要有不同尋常之處，或者說要讓人們看出不一般來。而一個正常體型或是正常體態的人，滑稽效果畢竟不如特型演員來得直接、強烈，「笑果」（效果）明顯。因此你會發現，在中國早期電影當中，最早出名的就是滑稽演員或曰特型演員。譬如 1920 年代就出道的演員韓蘭根，他的「瘦猴」形象到 1930 年代還風頭正勁、風光無限。

　　在現存的、公眾可以看到影片當中，劉繼群的胖子形象，顯然是《雪中孤雛》（華劇影片公司 1929 年出品）和《兒子英雄》（又名《怕老婆》，長城畫片公司 1929 年出品）的賣點和「笑果」之一。《女俠白玫瑰》當中就有這麼一位肥胖型的滑稽演員，就是飾演肥夥的黃景州。從外形上看，他和劉繼群不僅胖得相似，「笑果」（效果）也是等同。因此，特型演員的出現，與其說是中國早期電影的一個必然產物，不如說是舊市民電影諸多特徵的一個體現，是與打鬥、鬧劇、噱頭、滑稽等聯繫在一起的、自然的伴生現象。

《女俠白玫瑰》截圖之十五、十六

丁、結語

　　1920 年代末期出現的武俠電影以及武俠片熱潮，無非是從一個角度證明了中國早期電影歷史上舊市民電影時代的鼎盛，「火燒片」系列能從 1928 年一直「燒」到 1931 年[23] P133~134，本身就說明了這一點。而武俠電影當中體現的種種特徵，其實都是舊市民電影特徵的內在和外在體現，前者體現在主題思想和題材選擇上，後者體現於藝術範式、表現形式和經典元素的模式化使用上。譬如，舊市民電影當中的倫理綱常和傳統文化，是武俠片的核心所在；至於打鬥、鬧劇、噱頭、滑稽等，均是不可或缺須臾。實際上，當時的

任何一部武俠片，既是一個倫理說教的武打版，也是一個情色、打鬥、鬧劇、噱頭、滑稽場景的影像大雜燴。武俠片與舊市民電影整體唯一的區別，就是它的打鬥比後者有更多的技術含量。至少，從現今公眾可以看到的《紅俠》和《女俠白玫瑰》來說就是如此。

現今依然存世的 1920 年代～1930 年代的中國早期電影文本，無論全片還是殘片，雖然少之又少，但多少還有一些。可這些影片大多被封存於北京的中國電影資料館，既不對公眾公開，也不許外單位的研究者調看。不公開、不讓看自然不對，因爲這不是一人之私產，乃全民所有之財富。自己藏起來，無論用不用、用多用少，都是公帑私用和浪費公共財產的行爲，於國於民都有害無益。但對於關心早期中國電影歷史的研究者來說，看不到這些「館藏」影片，並不等於無法研究著一段歷史並對其作出評價。

這是因爲，這些東西，實際上可以以一當十，看了一、兩個，就足以明白其屬性和本質，看 1 個片子和看 10 個片子，沒有什麼本質區別。譬如，僅以《紅俠》或《女俠白玫瑰》爲例，就既可以看到舊市民電影諸多的主要特徵，也可以看到歸屬於舊市民電影時代武俠片的本質屬性和本來面目。這句話還有一個意思，那就是，如果有人再拿出些「新」的（老）片子來能證明我錯了，則中國早期電影研究幸甚，高校電影專業教學幸甚。據說，上海影戲公司 1927 年出品的《盤絲洞》原拷貝 2012 年在挪威被發現，正在修復中，如果有一天可以公映，讀者諸君可以拿它來和我的理論做一個評判和驗證。

《女俠白玫瑰》截圖之十七、十八

戊、多餘的話

子、對女性身體的文化性和時代性消費

從現存文本來看，1949 年之前的中國觀眾與現在的觀眾並無太大的區

別，那就是既對身著古代服裝的女性裸露感興趣，也不排斥身著現代服裝的裸露，前一個結論可以用 2006 年熱映的《滿城盡帶黃金甲》作爲支撐。至於後一個結論，可以用 1980 年代初期大陸社會對女排姑娘們奪取世界冠軍的狂熱作爲佐證。在 1980 年代之前，凡我大陸民眾，從影像上能夠看到的女性軀體，即使是著衣女性，也實在是有限得可憐。因爲在 1970 年代之前的大陸故事片中，女性形象早已經被中性化了，到了 1970 年代，則更有男性化的趨勢——但凡經歷過那個年代的人都會對此感同身受。

1980 年代中國女排之所以引發全民崇拜狂潮，導致全國人民都看女排（比賽錄像）的社會性現象。其中除了所謂「揚我國威」、「振興中華」的意識形態鼓動外，不能否認的一點是，電視臺對當時女排比賽有大時段的錄播、轉播、直播和重播，那些海量鏡頭，不可能不對觀眾的心理造成各方面的影響和波動。尤其是隊員發球時，場內四個人站在前頭，往往會用手式將信息傳遞給後面發球的隊員——指示發幾號位，以便下組織一步的防守和進攻。

這時候的鏡頭常常是要推特寫的，而傳達信息的手，都是放在臀部後面的。但即使是當時我也相信，絕大多觀眾注意的是技術環節以及手勢所包含和傳達技術信息，引發的是高品位的審美活動。但話說回來，任何一種審美活動尤其是心理活動往往是非常微妙的、複雜的、多種信息交集碰撞裂變的綜合性結果。當然，所有批判，首先指向批判者自身。

就電影方面而言，1944 年的美國《出水芙蓉》曾經在中國引發觀影熱潮。這部影片之所以能大賣，除了好萊塢一向強勢的票房號召和品質保證之外，不能否認的是觀眾已然形成的女性身體消費理念。因爲就影片本身而言，無論是美國本土還是海外，《出水芙蓉》的賣點之一就是眾多身著泳裝的健美女郎。同樣不能否認的一點，是影片故事情節的低俗——這與中國早期電影尤其是舊市民電影有得一比——但你要想，人們爲什麼就願意看？

眼下類似的例證就是在大陸熱播有年的韓國電影和電視劇，尤其是韓劇，沒有多少人會稱許編劇的智商，但就是有許許多多熱情的觀眾不捨晝夜哭喊著去看並成爲鐵杆粉。爲什麼？有人表白是看服飾之美，乃至家裝設計，有人承認是看帥哥美女，還有人重溫倫理綱常韻味等等。不能說觀眾沒有權利作出選擇，雖然這個選擇在某個程度上來說不無低俗之嫌。但問題是，低俗和高雅，既擁有同等的權利，也擁有同構的文化消費品質——尤其是在指向身體消費時。

丑、戲曲審美過程中的性心理波動

《女俠白玫瑰》中「女扮男裝」人物形象，讓我想起我在欣賞京劇時對「男扮女裝」的困惑。我在藝術造詣方面開竅甚晚，譬如第一次完整地看完一出京劇並深深地爲之傾倒，是在我剛上初中時的十一、二歲。那年我偶爾看了一部由京劇表演藝術家張君秋主演的京劇電影《鍘美案》（1964）。我相信我那時的性心理雖然依然處於懵懂時期，但已然定型，所以我對秦香蓮的靚麗柔美傾心不已。好長一段時間，我一直以爲演秦香蓮的是個美麗姐姐，後來知道人家是個男的以後，根本無法接受。所以當我讀到魯迅對京劇的惡評時，頗有知音之感。

大部分人的性取向都是沿著主流文化指導下的正常軌道向前發展的。當觀眾不知道扮演一個美麗女子的演員是男性的時候，他是把她當作女性來欣賞的，獲得的是審美愉悅；如果，他後來知道眞相的時候，也不能從根本上取消這種審美過程，只不過會在心理上有所波動。一般來說，波動以後依然會回到正常軌道，譬如說我。有些人可能就未必如此，譬如前臺灣作家白先勇。近十年來白先勇一直致力於崑曲藝術的傳承和推廣工作，前兩年他向外界公開了他的同性戀性取向[24]。有人認爲，白先生性取向的改變與他多年來推崇崑曲藝術的經歷有關。

這種看法貌似有理，實則未必。因爲這是「果」，不是「因」。白先勇年輕時乃父就知道了兒子的這個問題，並表示了尊重的態度[25]。依我看，藝術家的個性心理不僅異於常人，而且其形成必有特殊之處，性心理的形成也不例外。白先生的性取向改變，與他的家庭成員構成和他自己的早年生活經歷密切相關：兄弟姐妹10個，上面有4個哥、3個姐，父親常年奔波在外[26]。在此情形下，有些男生很容易發生性取向方面某種程度的波動乃至扭轉，最常見的表現形態就是女孩子氣，即現今所謂「僞娘」。

父親在家庭生活中的實際缺失，對孩童直接的後果就是雄性教育的缺失，而這種情況就會出現極端的兩極現象。一種因爲爹不在，男孩兒更雄性，因爲他自動塡補了父親缺失的空白，即「父親形象的缺失和自動替代」現象——你想啊，從常識當中判斷，寡婦人家，那孩子異乎尋常地爭氣，打起架來就敢玩命，所以他就早熟。魯迅就這個樣子，相對而言更加好鬥，因爲他必須維護家庭、擔當大任。另一種極端傾向，就是轉向女性行爲意識並不斷地向後退縮，因爲他是弱者，郁達夫就是這樣[27] P5。

寅、胖子形象的時代特徵及其意識形態專屬標識

《女俠白玫瑰》中胖子之所以值得拿出來一說，是因爲這種特型演員，在 1949 年前的中國電影中，雖說往往擔當打鬥、滑稽、鬧劇和噱頭的重任，但其人物形象的善惡屬性上並無一定之規。還是以劉繼群爲例，他扮演的人物既可以是善良的、憨大式的「好人」，譬如《小玩意》（1933）中窩囊丈夫，也可以是《戀愛與義務》（1931）中長舌婦一般的惡僕；還可以是有所擔當的好父親，譬如《兒子英雄》（《怕老婆》，1929）裏的親爹，更可以是只負責搞笑丑角，譬如《雪中孤雛》（1929）裏的男傭。最好的例證就是更著名的胖子明星章志直，在同是 1934 年「聯華」出品的左翼電影中，他既可以在《大路》中扮演階級性和政治性都沒有問題的民工，也可以在《神女》中主演惡貫滿盈的惡勢力代表流氓無賴。

1949 年後，胖子依然是中國社會生態中的稀有人群或屬於少數的體型特徵，「吃不飽」是一個重要的原因，一直到 1980 年代的大陸都是如此〔註6〕。與此同時，由於社會風氣的敗壞，胖子往往又成爲眾人欺辱的對象，如果這胖子還有點弱智，那就更是公共娛樂用品。顧長衛 2005 年導演的《孔雀》中就有這樣一個人物。經歷過那個年代的人都知道，這種人往往既是一個街區的地理標識和文化地標，也是附近民眾的低端的文化消費對象〔註7〕。

在 1949 年後的大陸電影中，作爲特型演員的胖子形象，基本上被官方強勢的意識形態話語體系鎖定，成爲敵對勢力、反面人物即壞人/階級敵人的專屬標識，譬如美蔣特務、蘇修間諜、國民黨反動派、地主、富農、漢奸、惡霸、壞分子——《地道戰》（1963）中的僞軍湯司令、《小兵張嘎》（1963）的日軍翻譯官、《沙家浜》（1971）中的胡傳魁、《閃閃的紅星》（1974）中的胡

〔註6〕譬如 1970 年代的大陸，熟人之間見面，最常見也最討對方歡心的問候語就是：「哎呀，你胖了」。對方一定特高興，「眞的嗎？不是吧，你也胖多了」。爲什麼都高興？誰胖說明誰吃得飽、吃得好、吃得多、生活水平個社會地位高唄——就像現在互相誇對方苗條，層次高一點的就是交流自己又換了更新更好的東西，譬如房子、車于、位子、妻子等……。

〔註7〕因爲那時除了物質上的貧困，人們的精神世界也是一片貧瘠，沒有文化，沒有電影，也看不到電視，天天是「兩報一刊」（《人民日報》《紅旗》雜誌《解放軍報》）的灌輸——生活和人，是本能地需要遊戲的，越窮越是如此。對《孔雀》及其人物形象的具體討論，請參見拙作《第六代導演：忠實於時代記錄和敘事功能的恢復——以顧長衛的〈孔雀〉爲例》，《浙江傳媒學院學報》2012年第 6 期。注：這篇文章的未刪節版收入拙著《新世紀中國電影讀片報告》（288p，中國傳媒大學出版社 2014 年 1 月版）。

漢三，除了外貌醜陋、近視眼、大齙牙等生理缺陷外，「胖」是其共同的特徵；相形之下，好人即正面人物都長得規規矩矩、濃眉大眼──不胖不瘦。爲什麼？〔註8〕

《女俠白玫瑰》截圖之十九、二十

初稿時間：2013 年 3 月 1 日
初稿錄入：劉曉琳
二稿時間：2013 年 5 月 6 日～6 月 1 日
三稿修訂：2014 年 2 月 18 日

參考文獻

〔1〕鄭君里，現代中國電影史略〔M〕，上海：良友圖書印刷公司，1936。
〔2〕程季華，中國電影發展史：第 1 卷〔M〕，北京：中國電影出版社，1963。
〔3〕酈蘇元，胡菊彬，中國無聲電影史〔M〕，北京：中國電影出版社，1996。
〔4〕朱劍，汪朝光，民國影壇紀實〔M〕，南京：江蘇古籍出版社，1991。
〔5〕李道新，中國電影文化史（1905～2004）〔M〕，北京大學出版社，2005。

〔註 8〕除了專業鏈接 2：和專業鏈接 3：，以及戊、多餘的話之外，本章的文字部分（約 8300 字）在收入本書前，曾以《中國早期電影中武俠片的情色、打鬥與噱頭、滑稽──以 1929 年華劇影片公司出品的〈女俠白玫瑰〉爲例》爲題，發表於《文化藝術研究》2013 年第 4 期（杭州，季刊）。特此申明。

〔6〕丁亞平，影像時代——中國電影簡史〔M〕，北京：中國廣播電視出版社，2005。

〔7〕胡霽榮，中國早期電影史：1896～1937〔M〕，上海人民出版社，2010。

〔8〕關文清，中國銀壇外史〔M〕，香港：廣角鏡出版社，1976。

〔9〕程季華，中國電影發展史：第 1 卷〔M〕，北京：中國電影出版社，1963。

〔10〕程季華，中國電影發展史：第 1 卷〔M〕，北京：中國電影出版社，1963。

〔11〕陳墨，中國早期武俠電影再認識〔J〕，當代電影，1997（1）：35。

〔12〕袁慶豐，1922～1936 年中國國產電影之流變——以現存的、公眾可以看到的文本作爲實證支撐〔J〕，學術界，2009（5）：245～253。

〔13〕袁慶豐，中國現代文學和早期中國電影的文化關聯——以 1922～1936 年國產電影爲例〔J〕，中國現代文學研究叢刊，2010（4）：13～26。

〔14〕鄭正秋，明星未來之長片正劇〔J〕，上海：晨星，1922（創刊號），//程季華，中國電影發展史：第 1 卷〔M〕，北京：中國電影出版社，1963：58。

〔15〕袁慶豐，20 世紀 20 年代中國電影文化生態的低俗性及其實證讀解〔J〕，杭州師範大學學報，2009（4）：51～55。

〔16〕魯迅，論照相之類〔J〕，語絲周刊第九期（1925）//《墳》〔M〕//《魯迅全集：第 1 卷〔M〕，北京：人民文學出版社，2005：190～200。

〔17〕范伯群，「電戲」的最初輸入與中國早期影壇——爲中國電影百年紀念而作〔J〕，江蘇大學學報，2005（5）：1～7。

〔18〕袁慶豐，20 世紀 20 年代中國電影文化生態的低俗性及其實證讀解〔J〕，杭州師範大學學報，2009（4）：51～55。

〔19〕程季華，中國電影發展史：第 1 卷〔M〕，北京：中國電影出版社，1963。

〔20〕程季華，中國電影發展史：第 1 卷〔M〕，北京：中國電影出版社，1963。

〔21〕程季華，中國電影發展史：第 1 卷〔M〕，北京：中國電影出版社，1963。

〔22〕程季華，中國電影發展史：第 1 卷〔M〕，北京：中國電影出版社，1963。

〔23〕程季華，中國電影發展史：第 1 卷〔M〕，北京：中國電影出版社，1963。

〔24〕鳳凰網：《白先勇的崑曲、愛情和寫作》
http：//ent.ifeng.com/phoenixtv/83927968816037888/20060315/761439.shtml.

〔25〕鳳凰網：《白先勇的崑曲、愛情和寫作》
http：//ent.ifeng.com/phoenixtv/83927968816037888/20060315/761439.shtml.

〔26〕白先勇，白崇禧將軍身影集（下卷）：臺灣歲月 1949～1966〔M〕，廣
西師範大學出版社，2013：554。

〔27〕袁慶豐，做一個作家是有一定條件的——作家早年生活經歷及其個性
心理氣質淺析//靈魂的震顫——文學創作心理的個案考量〔M〕，北京
廣播學院出版社，2002。

第拾章 舊市民電影的道德圖解與新民族主義電影的生長點——以1931年聯華影業公司出品的《戀愛與義務》爲例

閱讀指要：

在1932年新電影出現之前的中國早期電影，都屬於舊市民電影形態。因此，1931年出品的無聲片《戀愛與義務》既是舊市民電影晚期的代表，又是即將到來的新電影的雛形。以《戀愛與義務》爲例可以看出，一方面，影片的模式化表達範式與倫理的世俗化圖解，合乎舊市民電影的傳統性、倫理性、教化性和保守性等特徵，另一方面，這些特徵又爲以後的新的電影形態如左翼電影、新市民電影，尤其是新民族主義電影的出現奠定了法理、道德和藝術模式的基礎。

關鍵詞：舊市民電影；新民族主義電影；左翼電影；新市民電影；文化傳統；

《戀愛與義務》截圖之一、二

專業鏈接 1：《戀愛與義務》（故事片，黑白，無聲），聯華影業公司 1931 年
　　　　　出品。現存 DVD 視頻（殘篇）時長：101 分 54 秒。

　　　　　〉〉〉原作：華羅琛夫人；**編劇：朱石麟**；導演：卜萬倉；攝影：
　　　　　　　黃紹芬。

　　　　　〉〉〉主演：金焰（飾演李祖義）、阮玲玉（飾演楊乃凡）、陳燕燕
　　　　　　　（飾演李祖義和楊乃凡的女兒平兒）、黎英（飾演楊
　　　　　　　乃凡前夫黃大任）、劉繼群（飾演外號老狐的黃家僕
　　　　　　　人胡福）、周麗麗　（飾演黃大任的紅顏知己張瑛）。

專業鏈接 2：原片片頭及殘存的演職員表字幕

　　　戀愛與義務　LOVE AND DUTY

　　　1931　聯華影業公司

　　　原著：華羅琛夫人

　　　ADOPTED FROM ADAME S.ROSEN HOA'S NOVEL LA
　　　SYMRHORIRBES OMERES

　　　監製：羅明祐　SUPERVISION BY LO MING YAU

　　　編劇：朱石麟（□□凵）　by CHU SHEK LIN

　　　中英文字幕：黃漪磋　TITLES by YC TEFFERY HUANG

　　　導演：卜萬蒼　DIRECTION by RICHARD POH

　　　製片主任：黎民偉　PRODUCTION MANAGER LAY MIN WEI

　　　攝影：黃紹芬　POTOGRAPHY by WONG YIU FAN

美術：高威廉（□□□）　　WILLAM KOLLAMO

布景：趙扶理　SETTINGS by CHAO FU LI

民新製品　HINA SUN PRODUCTION

李祖義⋯⋯青年有志之學生也⋯⋯金燄飾

阮玲玉　飾　楊乃凡

俞菊雲　飾　李祖義之母

時覺非　飾　李家老僕張順

黎英　飾　黃大任

劉繼群　飾　胡福

陳燕燕　飾　平兒

高威廉　飾　平兒同學克勝

Li Tsu Yi, a young student with a bright future

Raymond King

李祖義之母⋯⋯俞菊雲飾　His mother⋯⋯C y y u

黃大任為一品學兼優之世家子弟⋯⋯黎英飾

Yang Nei Fan's husband

□　Ta Jen──a young □　descended □

黃大任之僕胡福，【面】善心險譎名老狐⋯⋯劉繼群飾

Huang's servant Fox —a □　in sheep's skin

□□

張瑛⋯⋯大任公餘之知己也⋯⋯周麗麗飾

Zhang Ying, a close friend

□□　Ta Jen──after office

□□□□□□□□，華及其兄弟克勝⋯⋯郭鶯鶯　高威廉飾。

Jing Erh's school-mate Kwan Ta Hua and her brother Kwan Keh Shing

□□□□□□〔註1〕

──────────

〔註 1〕由於本書依據的影片版本為不完整翻錄版本，故字幕缺損不清處，均以□表示；放在方括號【】內的，為缺失的部分。另外，翻錄版在 78 分 79 秒處斷裂；影片結尾處，楊乃凡抱著平兒哭泣的畫面靜止約 27 秒；且影片後邊接了一段紀錄片解說阮玲玉的畫面，時長約 39 秒。

專業鏈接 3：影片鏡頭統計

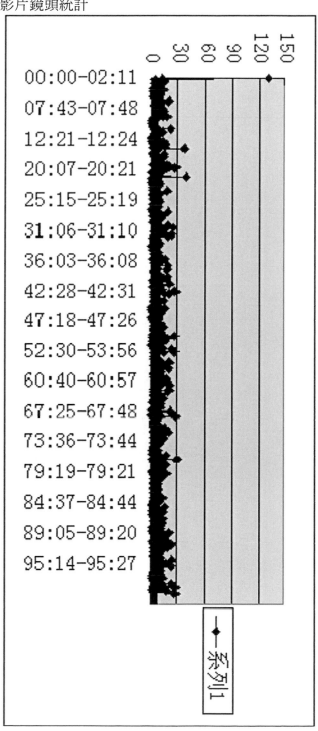

說明：《戀愛與義務》現存殘片時長 101 分 54 秒，共 679 個鏡頭。其中：

甲、小於和等於 5 秒的鏡頭 272 個，大於 5 秒、小於和等於 10 秒的鏡頭 241 個，大於 10 秒、小於和等於 15 秒的鏡頭 100 個，大於 15 秒、小於和等於 20 秒的鏡頭 37 個，大於 20 秒、小於和等於 25 秒的鏡頭 16 個，大於 25 秒、小於和等於 30 秒的鏡頭 9 個，大於 30 秒、小於和等於 35 秒的鏡頭 0 個，大於 35 秒、小於和等於 40 秒的鏡頭 2 個，大於 40 秒、小於和等於 45 秒的鏡頭 0 個。

乙、字幕鏡頭 106 個，其中交代劇情的鏡頭 23 個，演職員表及頭尾字幕鏡頭 8 個，對話鏡頭 75 個。

丙、固定鏡頭 521 個；運動鏡頭 52 個。

丁、遠景鏡頭 15 個，全景鏡頭 147 個，中景鏡頭 144 個，近景鏡頭 124 個，特寫鏡頭 145 個。

（數據統計與圖表製作：劉曉琳；核實：李梟雄）

專業鏈接 4：現今影片觀賞指數（個人推薦）：★★☆☆☆

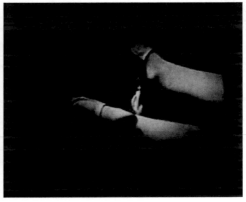

《戀愛與義務》截圖之三、四

甲、前面的話

2010 年年底，北京中國電影資料館聯合市中心的一家商業影院，舉辦了「阮玲玉電影回顧展」，公映 8 部阮氏主演的影片，其中包括「首次在大陸放映的《戀愛與義務》」[1]。根據公映影片的片頭導語，拷貝來自臺灣「國立中央圖書館」館藏、臺灣「國家電影資料館」複製保存的膠片，並特別說明原膠片是民國八十三年（1994 年）元月在烏拉圭發見云云〔註2〕。

〔註2〕網上也有人說，1973 年國民黨元老李石曾在烏拉圭過世後，遺物留贈臺灣，其中包括這部影片，遂將影片「贈給臺灣國家電影資料館成為鎮館之寶」，參

　　據說《戀愛與義務》出品當年（1931 年），即由法國人購得拷貝，成爲中國第一部出口歐洲的「巨片」[2] P4。影片根據「原籍波蘭、就學巴黎、後定居中國的羅琛女士的一部描寫中國家庭、社會病態的同名小說」改編而來，「由於羅女士久居他國，『伊以另一眼光，批評吾國社會，……有爲吾國人所不能見到者』，因而其描寫『反較吾人爲公允透徹』。羅明祐、黎民偉對此小說十分欣賞，便囑朱石麟任編劇，卜萬蒼爲導演，將其搬上銀幕」[3]。「影片上映後，反響十分熱烈，一時觀者如潮、好評如潮，阮玲玉『一人飾演母女二人』更是成爲影片的賣點和看點，卜萬蒼進聯華的第一部作品也因之一炮而紅」[4] P84。

《戀愛與義務》截圖之五、六

　　對影片的定性，編劇朱石麟的兩點聲明值得注意。首先，《戀愛與義務》講的是「欲望和理智的衝突」：「凡浸在『戀愛』裏的人們，他們的『義務』常常是扔在腦後的。他們的『理智』是常常會被『欲望』———一種不可思議的力量———殺得片甲不留的。他們不由自主地會走上了歧路，雖然他們的殘餘的理智還能辨別他是錯了」；其次，影片「對於舊式虛僞的禮教，有暗示的反對；於新式的浪漫生活，有明顯的抨擊……它決不是僅僅一部嬉笑怒罵的好小說，實在是一篇經世濟略的大文章」[5]。當時的研究者，其實已經領悟了影片的實質，認爲《戀愛與義務》「充滿了新的氣象，所以能夠博得社會的同

　　　　見：是水水：日本 av 制服控蘿莉控鼻祖（2010-12-21 16：06：19）http：//movie.douban.com/review/4540455/。此片亦爲『臺灣電影資料館』現藏最早的一部 30 年代的經典默片」。而根據《一代名導卜萬蒼》（王捷梅搜集整理，中國電影出版社 2005 年 6 月版）的說法（「此片亦爲『臺灣電影資料館』現藏最早的一部 30 年代的經典默片」，第 4 頁）和此書的出版時間（2005 年）判斷，業內人士或許早已看過此拷貝的複製版。

情而成爲國片復興的先聲」[6]。

1949 年後，大陸學術界對中國早期電影研究的態度和角度，無論總體還是個體，無不嚴格遵循官方意識形態的規劃。譬如對《戀愛與義務》的如下評價：「這部影片，表面上似乎是在分析所謂『戀愛』與『義務』之間的矛盾，實際上卻是通過楊乃凡的不幸遭遇，宣傳了賢妻良母的封建道德的絕對權威與不可動搖；它雖然也一方面批評了封建婚姻制度和舊禮教的罪惡，激起了觀眾對主人公的同情，但另一方面，楊乃凡在反抗了封建婚姻之後，到頭來，仍然不能不求黃大任照顧平兒，這無異於是對觀眾宣佈，反抗、奮鬥都是沒有前途的」[7] P153。

1990 年代以後，大陸對中國電影史的研究開始復歸本位。譬如把《戀愛與義務》與《野草閒花》、《桃花泣血記》等影片並列，看作是「體現『國片復興運動』創作成就的代表性作品」[8] P35。具體到影片本身，一方面，認爲這是「朱石麟尋求身份認同和精神歸宿的最佳載體。在對西方思潮的適度接納和中國文化的深情回望中，朱石麟建立起一種不無理想主義色彩的國族認同，而這正是朱石麟國族想像的獨特方式」[9] P87。另一方面，又指出影片是「頗具人文氣息的愛情悲劇」[10] P107。在我看來，作爲「國片復興運動」的代表作品，《戀愛與義務》顯然屬於在 1932 年新電影出現之前的舊市民電影序列，但更重要的是，影片的主題思想體現，與「聯華」公司兩大掌門人羅明祐、黎民偉一貫的思想和藝術主張有著明確的文化邏輯關係。因此，作爲舊市民電影，《戀愛與義務》又是後來新電影之一的新民族主義電影的生長點。

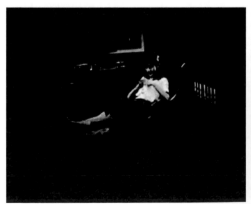

《戀愛與義務》截圖之七、八

乙、新瓶舊酒：模式化的表達範式與倫理的世俗化圖解

　　從 1905 年所謂中國電影誕生，到 1932 年以左翼電影爲代表的新電影的出現，這個時期所出現的國產影片，（包括 1920 年代末興起的武俠電影），基本上都屬於舊市民電影形態〔註3〕。舊市民電影的特徵之一，就是主題和題材的模式化。即一般來說，主題不出對傳統文化的當下闡釋和道德倫理的教化，題材一般著眼於戀愛、婚姻和家庭。就此而言，《戀愛與義務》是一個中規中矩的代表之作。

子、模式化的主題及其對新青年的抨擊

　　婚姻戀愛是舊市民電影最熱衷的和最拿手的題材，影片用了很長的篇幅，來表現金焰扮演的李祖義和阮玲玉扮演的楊乃凡兩人之間的熱烈傾慕和追求。如果電影要這麼拍下去的話，很有可能就是新電影中左翼電影的路數了，譬如男女主人公先後投入到抗日救國或者革命事業中去；但如果兩個人就此成就一段美好姻緣，也就不是「國片復興運動」的代表，而僅僅是一般意義上的舊市民電影的談婚論嫁之作了。

　　影片的波折在於，兩個一見鍾情、傾心相愛的男女，各自的生活發生了轉變。女的秉承父母之命與富家子弟黃大任成婚，男的卻並不知情。兩人分離五年後再次相見，女的雖然已是兩個孩子的母親，但依然拋棄家庭和兒女與舊日情人舊情重燃、私奔同居並再次做了母親。如果片子再這麼講下去，譬如給出一個美好結局的話，那就體現不出舊市民電影內在的道德約束力量。所以李祖義很快去世，丟下楊乃凡靠做裁縫獨自撫養女兒平兒。十五年之後，她的醜聞影響到平兒的前程。無奈之下，楊氏寫信請求前夫黃大任撫養平兒，然後投河自殺。黃大任忍辱負重，收養了平兒並視同己出。

〔註 3〕這一論點的歸納表述，請參見拙作：《1922～1936 年中國國產電影之流變——以現存的、公眾可以看到的文本作爲實證支撐》，載《學術界》2009 年第 5 期，（收入拙著《黑白膠片的文化時態——1922～1936 年中國早期電影現存文本讀解》一書），敬請批判。實際上，對舊市民電影、左翼電影-國防電影（運動），以及新市民電影和新民族主義電影的概念及其實證的討論，貫穿於 1922～1937 年間每部現存影片的討論之中，請參見拙作《黑白膠片的文化時態——1922～1936 年中國早期電影現存文本讀解》，以及《黑夜到來之前的中國電影——1937 年現存國產影片文本讀解》兩書的具體論證。

《戀愛與義務》截圖之九、十

　　這種情節安排堪稱曲折，但是從整體來說，《戀愛與義務》的主題模式並沒有變化。換言之，兩個男人和一個女人以及由這三個人所引發的兩個家庭和下一代子女的命運轉折，始終圍繞著一個道德化的主題展開。在人物刻畫上也是模式化的，譬如楊乃凡和李祖義，兩個人的一見鍾情和如膠似漆是舊市民電影中常見的情感表現方式；楊乃凡與黃大任婚後那種呆板的、毫無生氣的家庭生活，也符合舊式婚姻的慣常模式：女人並不愛這個男人，而男人在外另有新歡，這是導致女方與舊情人舊情重燃和私奔的根本原因。

　　演到這裡邊，人物的性格上均無新意，創新點在後面。楊乃凡進入老年以後，這個人物貫常的模式有所改變，開始對自己的行為表示懺悔。一般來說，舊市民電影的人物性格大多是單一的，發生變化大多來自外力，譬如《情海重吻》中的女主人公之所以洗心革面，是因為婚外情人拋棄了她。來自內部的道德力量促使人物發生轉變，就使得《戀愛與義務》與先前的、甚至同時期的影片有所不同。它批評了只有婚姻、沒有愛情的家庭模式和夫妻關係，同時，又對這種現象和發生的根由做出了反省和批判。譬如，楊乃凡的紅杏出牆乃至於私奔，作為丈夫的黃大任不是一點責任都沒有，即他的婚外情發生在前，是他先構成了婚姻上不道德的事實。

　　其次，《戀愛與義務》對於以李祖義和楊乃凡為代表的新青年，也就是對於新式人物的行為意識也不無抨擊、否定之處。影片的前部貌似肯定他們熾熱的愛情，其實是展示了他們的愛情是為情欲所推動、沒有責任的行為。因此，影片後半部便安排李祖義在做了父親以後因為勞累過度，貧病而亡。這當然是出於道德倫理的考量，而這種考量，出自舊市民電影一貫的主題思想

要求。換言之，舊市民電影從文化歸屬上說，屬於相對於新文學與新文化的舊文化與舊文學〔註 4〕，因此，對新青年的新舉措多有批判和抨擊。《戀愛與義務》不過是將男女主人公的所謂愛情放置在傳統的倫理道德的模式中加以檢驗的結果而已——片名即以昭示了這一點。

丑、模式化的倫理表達以及女性的道德低位歸屬

由於舊市民電影始終在家庭、戀愛和婚姻題材中強調其倫理化和傳統性的主題思想，因此，一般都會有一個毀壞綱常的承擔者，或者說有一個具體的批判矛頭所指。這種被批判的對象，就現存的公眾可以看到的影片而言，男性一般是由接受著或接受過新式教育的新青年即大學生承當，女性則不計較她的受教育程度。換句話說，女性會更多地成爲影片批判和否定的對象，至少要拿她們來說事兒。譬如，女人的虛榮心害己害人害家庭（《一串珍珠》，1925），已婚女子不守婦道與在校大學生婚外戀（《情海重吻》，1928），後媽不僅虐待丈夫孩子還養了個殺人越貨的小白臉兒（《兒子英雄》，1929），太漂亮的女人害的壞人也動心（《雪中孤雛》，1929）。這種情形到了 1931 年也未見根本性的改變：墜入愛河的女子愛上了一個有婦之夫，可惜了一對《銀漢雙星》，青年男女不聽父母之命結果鬧出了人命，演繹的是《桃花泣血記》〔註 5〕。

由此可見，舊市民電影常常將女性置於一個道德低位，《戀愛與義務》不過是一個新證據。如果說楊乃凡婚前與和李祖義的感情還可以劃歸愛情的話，那麼做了黃太太后與前情人舊火重燒，就屬於對家庭倫理的道德破壞。事實上，楊乃凡被塑造成了一個典型的壞女人形象，結果不僅要接受道德的審判和良心的譴責，還讓她爲所謂的愛情付出了名譽和生命的雙重代價。與之形成對照的是，丈夫黃大任發現妻子與人私奔之後，不僅及時反省自身的

〔註 4〕這一論點的歸納表述，請參見拙作：《1922～1936 年中國國產電影之流變——以現存的、公眾可以看到的文本作爲實證支撐》，載《學術界》2009 年第 5 期，（收入拙著《黑白膠片的文化時態——1922～1936 年中國早期電影現存文本讀解》一書），敬請批判。實際上，對舊市民電影、左翼電影-國防電影（運動），以及新市民電影和新民族主義電影的概念及其實證的討論，貫穿於 1922～1937 年間每部現存影片的討論之中，請參見拙作《黑白膠片的文化時態——1922～1936 年中國早期電影現存文本讀解》，以及《黑夜到來之前的中國電影——1937 年現存國產影片文本讀解》兩書的具體論證。

〔註 5〕對這些影片的具體分析討論，請參見本書的其他章節。

錯誤、勇於擔當職責，而且並沒有續娶新人；不僅撫養一雙兒女長大成才，而且還收養了前妻與他人生養的女兒。這種男人，真是融丈夫與慈父於一體、合有情和有義在一身。這種對比鮮明的道德倫理裁判，顯然傾向於男方。

《戀愛與義務》截圖之十一、十二

犯了錯誤的男人只要改正，不僅能改得很好，而且依然能得到人們的稱頌和肯定。相反，女人犯了錯誤以後不僅要接受到懲罰，而且至死也不能夠得到別人的原諒。對此，楊乃凡就悲憤發問，說犯了錯誤就不給我一個改過的機會嗎？當然不給，所以先是讓李祖義失去工作、貧病而死，然後連累到女兒的前程，最後不得已投河自盡。這彰顯了傳統倫理道德對女性最為猛烈兇猛的一面，但凡觸犯倫理綱常，只有一死可以解脫：《情海重吻》的女主人公也曾經準備跳海，只不過由於男主人公的及時原諒才免於一死。在這一點上，同一年出品《桃花泣血記》和《戀愛與義務》是一致的態度和手法。

對舊市民電影主題的模式化和倫理化，以往的研究者多從新文化和新文學的角度給予批評和否定。幾十年來的歷史發展證明，這種認識顯得比較簡單和粗暴。譬如就與婚姻和家庭有關的戀愛問題而言，正如片名所揭示的，還有一個「義務」問題，也就是編劇朱石麟強調的「欲望和理智的衝突」問題。這個問題還原一下，其實就是個人的追求與傳統道德、社會責任、家庭倫理、婚姻義務的衝突。事實上，《戀愛與義務》表達的是愛情應該服從傳統、顧及社會、維護家庭、恪盡職守；具體地說，就是母愛、親情、義務高於兩性間的情愛，家庭倫理重於包括個人權利的追求。影片「卒章顯其志」，當楊乃凡終於醒悟到傳統倫理的神聖、慨然赴死之後，不僅前夫黃大任接納了她和情人的女兒，而且還讓三個孩子一同跪倒她的遺像前——骨肉親情最終回歸於傳統文化中的家庭倫理範疇。

寅、舊市民電影中人物的命名特徵及其道德教化意味

由於舊市民電影主題思想的一貫性和題材選擇的側重性，結果既導致了藝術表達上的模式化，也形成了兩者間的對應關係，這在人物姓名的取用和命名邏輯上也有體現。中國早期電影中人物的姓名有兩個很有意思的特點，第一個特點是，人物要麼跟著演員的姓，要麼是從演員的姓名生發、延伸而來。譬如，《勞工之愛情》（1922）中，鄭鷓鴣和鄭正秋分別飾演的人物就是鄭木匠和鄭大夫；《情海重吻》（1928）中，男一號和男二號飾演的人物都跟了演員本人的姓；《雪中孤雛》（1929）裏，韓蘭根扮演的人物叫韋蘭耕。直到1931年，這種情形才有所改變。譬如《桃花泣血記》裏，除了阮玲玉飾演的叫琳姑，金焰飾演的叫金德恩外，其餘人物的姓名都各自獨立；《銀漢雙星》裏，只有高占非飾演的人物跟了自己的姓，此外其他男女主演的姓名都與所飾演的人物姓名失去了聯繫。到了《一剪梅》，所有男女主演無論有名與否，一律另起新名字。這一點，可以視為電影開始全面走向現代化的一個標誌。

《戀愛與義務》截圖之十三、十四

早期電影中人物姓名取用邏輯上的第二個特點，則是具有明顯的道德指向或曰教化意味，即人物的姓名包含著編導的道德寓意。譬如《一串珍珠》，男一號雷夏電扮演的人物之所以叫王玉生，是想說明其本質清白。王太太叫秀珍，雖然糊塗一時，但骨子裏還是秉承著傳統美德的。秀珍的閨蜜叫美仙，美仙的男友叫馬如龍，這兩位的虛榮心和糊塗性就比前兩位大一些。至於又偷項鏈又敲詐的張懷仁，是「張壞人」的諧音。《情海重吻》當中勾引良家少婦的大學生叫陳夢天，姓是從演員那裡來的，名則是暗喻新青年不求上進醉

生夢死。《一剪梅》中，高占非扮演的反面人物被命名為刁利敖，無論是姓還是名，這三個字在漢語都不無貶義。

為人物姓名賦予道德寓意甚至價值判斷，以《戀愛與義務》最為明顯。楊乃凡的前夫雖然曾經在婚後沒有盡到關愛家庭之責，但當妻子與人私奔以後能夠幡然覺悟，不僅沒有再娶，而且還成為一個將兒女培養成才的好父親；更重要的，此公十幾年來一直為《國強報》寫稿，致力於提倡開啓民智，同時身體力行，投身慈善事業，扶弱濟貧。所以，黎英扮演的這個人物被命名為「黃大任」──天降大任於我黃種華人之謂也──姓名政治學的內涵昭然若揭。

再看阮玲玉扮演的女主人公，之所以起名為楊乃凡，無非是說，此乃楊家一平凡女子耳。金焰飾演楊乃凡的第二任丈夫，姓李，名祖義。李者，離也；祖義者，祖宗之道義也。果真如此，為何不乾脆叫「王祖義」？暗喻其忘記祖宗道義？我認為，李祖義這個名字的命名思路，實則出於兩點考慮。其一，他並沒有忘記而是違背了「祖義」，所以才與楊氏私奔，理不直氣不壯。其二，「祖義」者，「主義」之諧音，諷刺和否定當時泛濫的各式新思潮、新主張，譬如青年學生所信奉和踐行的各種「主義」，包括社會主義、共產主義等。

至於李、楊所生的女兒「平兒」的命名，褒貶之意全在其中。但凡讀書人，都會想到《金瓶梅》有這麼一個同名人物。因為這個女兒不是頭婚所生，實際上暗含庶出之義。在道學家看來，簡直就是非婚生子女。與此形成對照的，是黃、楊二人生育的那對兒女：男的叫冠雄，女的叫冠英，正面意義一目了然。不敢說就是冠絕全球的中華英雄，正統血脈是確定無疑的。

《戀愛與義務》截圖之十五、十六

丙、老樹新枝：晚期舊市民電影的內在變化和新民族主義電影的增長點

　　1930 年代初期是中國新舊電影此消彼長的交接時期，這個時間段，對作為舊電影唯一代表的舊市民電影來說正處於晚期，而一切新電影，又都正處於萌生狀態。需要說明的是，世上的事情，所謂新舊，其實不過是先來後到的意思，並無落後或先進之褒貶，中國早期電影的發展歷史即是如此。由《戀愛與義務》可以看到，1931 年的舊市民電影，既可以從中看到新電影的萌芽，又可以看到新電影生長的基礎。

子、新電影中人物姓名的取用類型和特殊現象

　　新電影中最早出現的是左翼電影，出現於 1932 年，一年後新市民電影出現〔註6〕。就現存的、公眾可以看到的影片而言，一部分左翼電影在人物姓名的取用上，承繼了舊市民電影晚期形成的主流模式，即演員和所扮演的人物姓名沒有關聯的現代電影特徵。這些影片有 6 部，即《野玫瑰》（1932）、《火山情血》（1932）、《春蠶》（1933）、《天明》（1933）、《新女性》（1934）、《漁光曲》（1934）〔註7〕。另一部分則沿用了舊市民電影的另一個傳統，即影片

〔註6〕這一論點的歸納表述，請參見拙作：《1922～1936 年中國國產電影之流變——以現存的、公眾可以看到的文本作為實證支撐》，載《學術界》2009 年第 5 期，（收入拙著《黑白膠片的文化時態——1922～1936 年中國早期電影現存文本讀解》一書），敬請批判。實際上，對舊市民電影、左翼電影、國防電影（運動），以及新市民電影和新民族主義電影的概念及其實證的討論，貫穿於 1922～1937 年間每部現存影片的討論之中，請參見拙作《黑白膠片的文化時態——1922～1936 年中國早期電影現存文本讀解》，以及《黑夜到來之前的中國電影——1937 現存國產影片文本讀解》兩書的具體論證。

〔註7〕以下是這些左翼電影的演員表（以影片出品的時間為序）：《野玫瑰》演員表：江波——金焰，小鳳——王人美，素秋——葉娟娟，小李——鄭君里，老槍——韓蘭根，老憨——劉繼群，小鳳父——章志直，江父——嚴工上。《火山情血》演員表：柳花——黎莉莉，宋珂——鄭君里，宋妹——談瑛，張寡婦——湯天繡，老王——劉繼群，曹人傑——袁叢美，宋弟——錢鏜，宋翁——時覺非，拳術家——高威廉。《春蠶》演員表（以出場先後為序）：老通寶——蕭英，小寶——張敏玉，阿四——龔稼農，四大娘——嚴月嫻，多多頭——鄭小秋，六寶——高倩蘋，荷花——艾霞，李根生——王徽信，紳士——嚴工上，小姐——顧梅君。《天明》演員表：菱菱——黎莉莉，張表哥——高占非，堂姐——葉娟娟，紗廠少主——袁叢美，少年軍官——羅朋，胖姐夫——劉繼群，瘦猴——韓蘭根，防守司令——王扶林。《新女性》演員表（以出場先後為序）：韋明——阮玲玉，王太太——王默秋，余海濤——鄭君里，李阿英——殷虛，鄰嫗——方憐影，嫗女——周倩雲，王博士——王乃東，出版家——裴逸葦，「樂

—215—

中的人物跟著演員的姓（名）命名。最有代表性的是《大路》（1934）。試看它的《演員表》：金哥──金焰，丁香──陳燕燕，茉莉──黎莉莉，張羽──張翼，鄭君──鄭君里，羅明──羅朋，韓小六子──韓蘭根，章大──章志直，胡天──尚冠武，劉長──劉瓊，丁老頭──劉繼群，洪金──洪警鈴。

　　整個影片只有三個人物的姓名沒有跟著演員的名姓走，這是因為，左翼電影的重點在理念傳達，情節等藝術要素僅僅只是載體。在此情形下，一些人物的姓名就相對地不重要。譬如孫瑜編導的《小玩意》（1933）大致也是這個路數：葉大嫂──阮玲玉，珠兒──黎莉莉，袁璞──袁叢美，阿勇──羅朋，富孀──湯天繡，老葉──劉繼群，螳螂幹──韓蘭根，老趙──趙山；田漢編劇、卜萬蒼導演的《母性之光》（1933）也留有此類印記：家瑚──金焰，慧英──黎灼灼，小梅──陳燕燕，寄梅──魯史，黃曉山──李君磐，黃書麟──何非光，陳碧莉──談瑛，劉大魁──劉繼群，韓君侯──韓蘭根，殷偉哉──殷秀岑。再看孫瑜編導的《體育皇后》：林瓔──黎莉莉，雲鵬──張翼，雲雁──殷虛，蕭秋華──白璐，艾崢──王默秋，高大少──高威廉，胡少元──何非光，林父──尚冠武，伯父──劉繼群，校長──李君磐，小毛──韓蘭根，大蟲──殷秀岑。吳永剛編導的《神女》（1934）更乾脆，阮玲玉飾演的女主人公就叫阮嫂。《孤城烈女》（《泣殘紅》，1936）的女主人公陳依依的姓名，顯然也與女主演陳燕燕的名字大有淵源〔註8〕。

育」校長──吳茵，齊為德──顧夢鶴，舞場經理──洪警鈴，韋明姊──湯天繡，韋小鴻──陳素娟，韋明夫──龍凌，戴鴨舌帽者──費柏青，醫生（甲）──劉瓊，醫生（乙）──尚冠武，舞女──貂斑華，徐太太──黃筠貞，女看護──盧梅。《漁光曲》演員表（以人物出場先後為序）：徐妻──湯天繡，徐福──王桂林，徐母──傅憶秋，鄰婦──陳太太，何二齋──尚冠武，二爺──洪警鈴，何妻──王默秋，徐小貓（幼年）──嚴曉圓，徐小猴（幼年）──施仁傑，何子英（幼年）──錢鍠，徐小貓──王人美，徐小猴──韓蘭根，何子英──羅朋，梁月舟──袁叢美，鄰老──朱耀庭，洋顧問──邢少梅，薛綺雲──談瑛，舅舅──裘逸葦。

〔註8〕《孤城烈女》雖然出現於1936年，但我認為這部由朱石麟編劇、王次龍導演的影片，應該算是左翼電影的迴避流轉（參見拙著《黑白膠片的文化時態──1922～1936年中國早期電影現存文本讀解》）；如果嚴格按照時間順序，將其劃入國防電影也未嘗不可──因為國防電影是左翼電影的升級換代版本。（附：《孤城烈女》演員表：陳依依──陳燕燕，張正克──鄭君里，

《戀愛與義務》截圖之十七、十八

　　就現存的、公眾可以看到的影片來看，新市民電影除了《女兒經》（1934）的大部分演員，以及《都市風光》（1935）的女主演的姓名與影片中飾演的人物有直接聯繫外，其餘如《脂粉市場》（1933）、《姊妹花》（1933）、《船家女》（1935）、《新舊上海》（1936）等，均使用了男女主演的姓名與所飾演的人物毫無關聯的現代模式〔註9〕。這是因為，新市民電影的特徵之一就是有條件地

劉三爺——尚冠武，陳舅——李君磐，阿根——韓蘭根，周老爺——洪警鈴，周妻——黃筠貞，周子——殷秀岑，副官——費柏清，馬弁——溫容，革軍間諜——恒勵。導演：王次龍；編劇：朱石麟；攝影：陳晨；布景：張漢臣；錄音：金祥乙；音響：傅繼秋；剪輯：費俊癢；劇務：王仰樵）。

〔註9〕《脂粉市場》演員表：李翠芬——胡蝶，錢國華——龔稼農，姚雪芳——嚴月閒，林監督——王獻齋，張有濟——孫敏，楊小姐——胡萍，王瑞蘭——艾霞，李銘義——王夢石，李母——高逸安，李妻——王以吳，二房東——柳金玉。《姊妹花》演員表：大寶、趙劍英（二寶）——胡蝶，趙大媽（大寶母）——宣景琳，桃哥——鄭小秋，趙大（大寶父）——譚志遠，錢小姐——顧梅君，香兒——顧蘭君，錢督辦——徐莘園，林老老——謝雲卿，芳兒——袁紹梅，李大哥——趙丹。《女兒經》演員表（以出場先後為序）：胡蝶——胡瑛，高占非——高國傑，嚴月閒——嚴素，宣景琳——宣淋，朱秋痕——朱雯，嚴工上——校長，夏佩珍——夏雲，王獻齋——王惠燾，傅境秋——惠燾之母，王慧娟——宣淋弟婦，柳金玉——宣淋之嫂，龔稼農——龔少銘，舒繡雯——舞女，畢虎——嚴素之弟，黃耐霜——交際花，顧蘭君——女書記，高倩萍——高華，徐莘園——高華之父，朱秋白——婢女，沈金芳——高華之母，高步霄——百貨店店員，梅熹——百貨店店員，董湘萍——百貨店店員，洪鏞——百貨店店員，劉托天——顧客，葉良德——顧客，孫敬——顧客，王夢石——百貨店經理，袁紹梅——朱雯女友，張敏玉——朱雯之妹，沈駿——朱雯之弟，王吉亭——富少年，徐來——徐莉，徐琴芳——徐玲，蕭英——蕭文翰，張瑞芬——女僕，趙丹——趙希英，陳娟娟——夏雲之女，譚志遠——鄰人，朱孤雁——播音主任，王徵信——徐莉男友，

抽取和借用左翼電影的思想元素。因此，新市民電影中但有演員和影片中人物姓名存在著邏輯關聯的現象，這與其說是來自左翼電影，倒不如說是來自二者共同的藝術遺產饋贈者──舊市民電影。

所以，作爲左翼電影的升級換代版本，國防電影中影片人物姓名的設置與命名邏輯就沿用了左翼電影以上的路數。試以兩部公認的國防電影爲例：《狼山喋血記》（1936）：黎莉莉飾村姑小玉，張翼飾獵戶老張、劉瓊飾劉三，藍蘋飾劉妻，韓蘭根飾牧羊人，尚冠武飾小玉父親李老爹；《壯志淩雲》（1936）：老王──宗由，黑妞（幼）──陳娟娟，黑妞（青）──王人美，順兒（幼）──金侖，順兒（青）──金焰，田德厚──田方，韓猴──韓蘭根，章胖──章志直，小嬌──黎明健，賣藥老人──王次龍，華老先生──施超，媒人老李──周鳳文。

值得注意的特殊現象是，一部分左翼電影中的人物姓名包含著明顯的道德指向甚至價值判斷，這顯然來自舊市民電影但卻被賦予新的時代意義。最典型的是《惡鄰》（1933），鍾國芬是「中國魂」的諧音，黃華仁寓意「中華之人」，鄔質華代表追求物質之流，黃暉士、黃猷影射侵華日軍，白金濟暗喻西方列強；《桃李劫》（1934）的男女主人公陶建平和黎麗琳，與片名中的桃、李發音對應並圖解主題；《風雲兒女》（1935）中的阿鳳、史夫人，分別是新舊不同時代的女性代表，辛白華、梁質夫，則有投身革命的先後之別〔註10〕

胡笳──女婢，李清──徐莉男友，鍾懿──侍衛，吳萬祥──流氓，馮志成──流氓，唐巢文──捕頭，陳毅亭──巡捕，張泊痕──徐莉男友，鄭小秋──鄭忠俠，袁曼麗──女僕，尤光照──衛隊長，朱少泉──副衛隊長。《都市風光》演員表：張小雲──張新珠，小雲父──周伯勳，小雲母──吳茵，小婢（女僕）──白璐，李夢華──唐納，女友──藍蘋，陳秘書──蔡若虹，王俊三──顧夢鶴，西洋鏡小販──袁牧之。《船家女》演員表（以出場先後爲序）：老者──嚴工上，老者──唐巢父，青年──李清，阿玲──徐來，阿玲父──朱孤雁，鐵兒──高占非，阿瑛──胡笳，大胖子──譚志遠，嬸母──柳金玉，闊少──孫敏，浮少──王吉亭，闊少友──孫敬，工人──梅熹，小老蟲──董湘萍。《新舊上海》演員表：袁瑞三──王獻齋，吳美中──舒繡文，范師母──黃耐霜，俞連珠──朱秋痕，孫如梅──顧梅君，根泰妻──袁紹梅，呂老太太──薛秋霞，闊小姐──英茵，唐根泰──尤光照，陳先生──高步亭，呂廣生──王吉亭，尹日昌──譚志遠，黃貞達──徐莘園，呂女──張瑞芬，小章──李清，茶客──嚴工上。

〔註10〕《惡鄰》（黑白，無聲），月明影片公司1933出品；編劇、說明：李法西；攝影：任彭壽；美術、布景、書幕：鄭逸生；導演：任彭年。演員表：鍾國芬──鄔麗珠，黃華仁──張雨亭，鄔質華──王如玉，黃暉士──王東俠，

丑、舊市民電影對女性形象的道德考量及其曲折發展

　　檢索 1932 年之前的現存的公眾可以看到的早期電影就會發現，舊市民電影當中的女性形象有一個曲折發展的過程。1922 年，《勞工之愛情》中追求婚戀自由的女主人公形象的塑造，貌似是受到新文學思潮輻射和波及的結果，所以它才會有這樣一個片名。但實際上，影片是男女小販的街頭調情和打鬥鬧劇的影像版，對新文學熱衷表現的自由戀愛其實不無嘲諷之意。正因如此，它才還有一個極具鴛鴦蝴蝶派文學特質的別名，曰《擲果緣》。因此，到了 1925 年的《一串珍珠》會讓你覺得，女主人公的形象貌似是從「自由戀愛」往回轉了。其實性質依舊，那就是舊市民電影背後舊文學和舊文化資源的強力支撐和自然體現。譬如女人要恪守婦德，只有克服了愛慕虛榮的毛病，生活才能走回正規、才能被社會所認同。

　　1927 年，以古典戲劇爲藍本改編而來的《西廂記》，對女性的刻畫與表現其實和元雜劇沒有本質區別，都是一見鍾情，繼而逾越禮法、成其好事，然後讓崔鶯鶯等著事實丈夫兼待業青年張生考中狀元回來成婚。戲劇般《西廂記》原本是文人始亂終棄的閒情之作，電影版的出現不過是現代中國知識分子對女性審美情趣集體無意識的集中體現。譬如大多數知識分子都希望和喜歡能有這麼一場不負責任的豔遇，然後走開，再用文字留下一段美好傳說。電影中的崔鶯鶯的形象並沒有從整體上違反傳統道德倫理，因爲她的婚前同居雖然讓她歸屬道德低位，但母親大人對婚約的最終追認還是讓她重新獲得

　　黃猷——馬鳳樓，白金濟——何非光。《桃李劫》（黑白，有聲），電通公司製片廠 1934 年出品；監製：馬德建；攝影：吳蔚雲、李熊湘；錄音：司徒慧敏、周駭；置景：張雲喬；作曲：聶耳。演員（以出場先後爲序）：劉校長——唐槐秋，陳科長——魏季燕，陶建平——袁牧之，黎麗琳——陳波兒，黃志宏——王一之，陶母——朱銘仙，張經理——張志勳，馬經理——周伯勳，工頭——李滌之，鄰婦——趙曼娜，學生——李寶泉。編劇：袁牧之；導演：應云衛。《風雲兒女》（黑白，有聲），電通影片公司 1935 年出品；原作：田漢，分場劇本：夏衍，導演：許幸之。演員表：阿鳳——王人美，辛白華——袁牧之，史夫人——談瑛，梁質夫——顧夢鶴，徐家珍——陸露明，鳳祖——王桂林，鳳母——高逸安，女房東——王明霄，舞女甲——周璿，舞女乙——徐健，革命青年——陳重奕，熱血青年——曾化林，藝術家甲——黃惶，藝術家乙——樊伯滋，藝術家丙——張愕，藝術家丁——潘丙心，作家甲——王藝之，作家乙——鄭展予，作家丙——洪凌，作家丁——嚴影，老百姓——李也非。凡是本書中出現《演員表》的影片，拙著《黑白膠片的文化時態——1922～1936 年中國早期電影現存文本讀解》一書的具體章節均有詳細討論，敬請參閱。

了社會倫理的認可。而同一年的《海角詩人》中的女性形象雖然有一層自由
戀愛的外衣，但男女雙方的性道德是在傳統的倫理框架之內運行的，譬如女
主人公對貞潔的誓死捍衛。

《戀愛與義務》截圖之十九、二十

有意思的是，這些影片的導演都是侯曜。更有意思的是，無論是侯曜先
前應聘拍攝《一串珍珠》的長城畫片公司（1924～1930），還是後來效力並爲
之編導《西廂記》和《海角詩人》的民新影片公司（1924～1930），都不是「鴛
鴦蝴蝶派」或「禮拜六派」這樣舊文人雲集的電影公司，而都是接受過高等
教育的新式知識分子的集合所——前者由清一色的留美學生創辦，後者首腦
如羅明祐、黎民偉，都是不缺乏新思想的業界領袖。而這些影片都屬於舊市
民電影形態，這種現象恰恰說明，舊市民電影自始至終都是時代性和主流性
的雙重體現。

1928 年，《情海重吻》中的搞婚外戀的女主人公被情人拋棄後，準備跳海
求死以洗刷恥辱，不計前嫌趕來救援的男主人公對此表揚說：「你知恥而來，
可見你能悔過，從此我更加愛你了」。至此，舊市民電影中的女性的形象算是
往前走了一步。《勞工之愛情》是以喜劇的形式向「新」靠攏了一下，《情海
重吻》則在主題思想上向「新」趨近。但隨後的舊市民電影又往後退了半步，
那就是在堅守傳統道德倫理的前提下，一方面以批判的形式認可女性的自由
戀愛傾向，另一方面又充斥著對女性形象的道德貶斥。

1929 年的《兒子英雄》（又名《怕老婆》）就是最好的例證。影片的女主
人公集中了傳統文化理念當中壞女人的一切惡劣品質，這實際上是男權視角
下女性形象的一種必然體現。同一年出品的《雪中孤雛》，其女性人物形象應

該說兼具了「新」和「舊」兩種傾向。楊家大少奶奶好吃懶做、虐待傭人，胡春梅則不無「新」品質，因爲她的出逃是不滿包辦婚姻。但她和楊家少爺的相愛始終保持著低人一等的侍妾姿態，用她自己的爲影片點題的一句話說就是「我願意終生侍奉你」。這是古代文學作品當中女子「自薦枕席」的電影版臺詞。換言之，胡春梅這個新形象還是局限於傳統倫理的框架之內。就此而言，舊市民電影中眞正體現出自由戀愛精神的女性人物形象，都集中出現於 1931 年，那就是《一剪梅》、《銀漢雙星》、《桃花泣血記》，當然還有《戀愛與義務》。

《戀愛與義務》截圖之二十一、二十二

寅、堅持傳統——新民族主義電影主題思想的生長點

從新、舊文化相對立的角度來說，《戀愛與義務》中的舊市民電影的道德取向發揮了強大的作用，傳統文化全面反攻倒算，徹底否定了新文化和新文學的「自由戀愛」精神和女性人物形象。譬如楊乃凡身爲人婦卻與早年情人私奔另組家庭，影片安排的結局是男方因此丟掉了工作，最後勞累至死；女主人公從此淪爲終日勞苦謀生的裁縫，最終含羞自殺。你會發現這樣的安排一方面回到了 1925 年《一串珍珠》的出發點，即通過勞動懲罰自己的精神和肉體；另一方面，道德上有所虧欠的女子，最好的自我救贖方式就是死亡。這樣的安排是出自背後傳統文化中道德力量的左右。

《一串珍珠》是一個悲喜交加的正劇，《戀愛與義務》是個悲劇。因爲自己早年的荒唐，楊乃凡不僅失去了先前一雙兒女的親情，眼看著還要殃及和戀人所生女兒的前程，所以她不得不死。這，可以看出《戀愛與義務》的道德評判力道既一如既往又增加了世俗考量。即一方面依然單向譴責女性的紅

杏出牆和性過錯，另一方面，用傳統和道德上的圓滿替代藝術視角上的大團圓結局。這種出於世俗又超乎世俗的行為意識，既是傳統倫理道德中「仁愛」境界的體現，也是現實形態中世俗化的道德選擇。

《戀愛與義務》截圖之二十三、二十四

因為從常理說，一直是獨身、沒有再娶的黃大任具備一切接納前妻、破鏡重圓的成熟條件，但《戀愛與義務》沒有，因為它要對所謂的新文化和新文學中對女性解放和女性戀愛自由的理念給予徹底的否定。影片用一個活生生的例子告誡觀眾，一個女人不守婦道的下場，就是不僅毀滅了自己、累死了情人，而且還要禍及無辜的下一代。《戀愛與義務》在這裡站到了一個情節設置上驚心動魄的關口，差一點就可以走成兩年後《雷雨》的路子。因為楊乃凡的女兒很有可能與異父同母的同學形成戀愛關係，所幸被成功避開。

《戀愛與義務》是舊市民電影晚期也就是處於行將消亡時期的重要作品，同時又為1930年代初期興起的新電影奠定了合適的生成場域，因為一切新的都是在舊的基礎上產生的。譬如，左翼電影中的女性人物形象幾乎完全是新文化和新文學理念的代言人，鄙棄傳統道德理念、不缺乏戀愛自由和女性獨立這樣的思想資源；新市民電影當中的女性人物形象塑造呈現出在新、舊之間搖擺，但在總體上歸於傳統道德的姿態。因為新市民電影是在抽取左翼電影的思想元素上形成的，所以它在人物形象上的新東西往往是外加上去的。具體地說，一個人物形象身上所體現出來的革命化或追求進步，是外在的左翼思想標籤。

1931年，處於晚期的舊市民電影更為新電影當中的新民主主義電影或曰高度疑似政府主旋律電影〔註11〕奠定了道德和文化基礎。此前的中國電影，

〔註11〕 這一論點的歸納表述，請參見拙作：《1922～1936年中國國產電影之流變——

幾乎沒有政黨理念即意識形態的介入，左翼電影和新市民電影打破了這一傳統。從現存的、公眾可以看到的影片來說，從 1934 年的《歸來》（編導：朱石麟），到 1935 年的《慈母曲》（編導：朱石麟）、《天倫》（監製與導演：羅明祐；副導演：費穆）和《國風》（編劇：羅明祐；聯合導演：羅明祐、朱石麟），就形成一條獨立於左翼電影和新市民電影之外的第三種電影脈絡。稍加歸納就會發現，這些影片的主題思想與朱石麟、費穆，更與「聯華」首腦羅明祐、黎民偉、直接關聯；更重要的是，這些影片顯然不是左翼電影，因爲它們沒有暴力革命、階級意識和階級鬥爭；它們也不是新市民電影，因爲它們沒有視聽娛樂、世俗智慧。它們強調體現的是傳統的道德倫理及其核心理念價值，而且得到執政黨在文化層面上的熱烈響應，即「一種不無理想主義色彩的國族認同」[11] P87 。

《戀愛與義務》截圖之二十五、二十六

丁、結語

　　作爲「國片復興運動」的代表作品，正如同當時廣告所宣傳的那樣，《戀愛與義務》是「純以中國人的理性，寫成中國式的悲劇」[12]。顯然，在 1932 年新電影出現之前的中國電影，都是舊市民電影，1931 年出品的《戀愛與義

以現存的、公眾可以看到的文本作爲實證支撐》，載《學術界》2009 年第 5 期，（收入拙著《黑白膠片的文化時態——1922～1936 年中國早期電影現存文本讀解》一書），敬請批判。實際上，對舊市民電影、左翼電影-國防電影（運動），以及新市民電影和新民族主義電影的概念及其實證的討論，貫穿於 1922～1937 年間每部現存影片的討論之中，請參見拙作《黑白膠片的文化時態——1922～1936 年中國早期電影現存文本讀解》，以及《黑夜到來之前的中國電影——1937 年現存國產影片文本讀解》兩書的具體論證。

務》也沒有例外。其次，影片的主題思想和高票房的市場回報[13]，證明著「國片復興運動」落到了實處，也就是為日後新電影中不同於左翼電影和新市民電影的第三種電影形態或路線的出現奠定了基礎。因為迄今無人能夠否認，聯華影業公司出品的電影基本上可以看作是當時中國國產影片的主流代表。

現在觀眾還可以方便地看到1931年出品的其他三個片子，而且都出自聯華影業公司。第一個是黃漪蹉編劇、卜萬蒼導演的《一剪梅》，當中的幾對青年男女都是知識分子出身的現代青年，但他們所謂的自由戀愛始終局限於傳統的道德框架之內──有精神出軌，沒有事實上的出軌。第二個是卜萬蒼編導的《桃花泣血記》，一定意義上它是對《戀愛與義務》主題思想的支撐：琳姑與金少爺的戀愛遭到金家反對，最後安排的是琳姑的死亡。顯然這種死亡不是人物的自然死亡，而是來自於道德律例的扼殺。所以《桃花泣血記》與所謂的歌頌戀愛自由沒有關係，恰恰是戀愛自由的一種反證。第三個是《銀漢雙星》（原著：張恨水；編劇：朱石麟；導演：史東山），如果說《戀愛與義務》是一個反證的話，那麼《銀漢雙星》就是一個正面證明：男主人公寧可假裝偷情逼走女主人公，也要遵從父母之命回家完婚。從這個意義上說，1931年的這四個電影，從文化上共同鑄就了新民族主義電影的道德基礎〔註12〕。

《戀愛與義務》截圖之二十七、二十八

戊、多餘的話

子、城市與衣著

六十多年前的《戀愛與義務》今天看上去倍感親切，主要是它的圖像重

〔註12〕對這些影片的具體分析討論，請參見本書的其他章節。

現了 1930 年代中國社會的眞實面貌。譬如當時上海的街道，雖然沒有今天這樣人工化的齊整，卻透露出濃鬱的宜居色彩。宜居其實就是人性化，街面、街道以及居家，均以小院或者小門相隔相鄰。其實這種情形在當時的美國電影中也能看到，問題是今天美國的街道和房屋設計沒什麼本質的變化，這邊廂卻是日新月異，用鋼筋水泥把人從土地上生生地架空起來。其次，當時民眾的衣著讓人感到特別地親切，譬如楊乃凡由於在街上與李祖義眉目傳情時發生車禍，圍觀的那些人，從衣著打扮上就能明顯地區分出其所在的社會階層。體力勞動者基本上是短衣一族，知識分子則是禮帽長衫，或者西裝革履。這場戲估計是現場實拍，因爲有兩個光著膀子的小孩天眞爛漫地盯著鏡頭看。普通中國民眾的生活情態，在影片不經意的記錄中活靈活現地展示出來。

丑、什麼叫公園？

楊乃凡和李祖義重燃舊情那一場戲是在公園中展開完成的，鏡頭所及，讓我再次感歎那個公園不失公園之本義。我想起我成長的 1970 年代，我家旁邊的公園是我和同學們時常游玩的地方，去的次數之多僅次於學校。影片當中的公園與我小時候記憶中的景色驚人相似，水是那麼深、那麼綠，水邊的土地和植物就是那樣自然地裸露，完全是自然環境生成的。即使有人工搭建的景致，譬如涼亭、石凳或長椅，也沒有對自然生態造成破壞，就那麼自然和諧地融爲一體、統一起來。今天的公園，包括首都的公園，目力所及，巨量的、醜陋的水泥和人工建築早已從根本上破壞了公園自然環境和生態情趣，結果不僅讓人和自然的關係被疏離得越來越遠，那個空間中人與人的關係也被渲染得庸俗不堪。換言之，《戀愛與義務》的公園更接近其本來意義，即原生態的自然和人的社會化的和諧。

寅、兒童的精神氣質

扮演黃大任和楊乃凡那一對兒女的小男孩和小女孩，雖然我當年沒有見過他們，但直覺上的判斷，感覺那就是早年中國民眾典型的民族性的體現。就 1938 年之前的早期中國電影而言，最著名的民國小孩應該是「聯華」創辦者之一黎民偉的六公子黎鏗，（他曾在《神女》《歸來》中，與阮玲玉扮演母子）。這個小孩聰明伶俐、長相俊秀，但你仔細琢磨就會發現，他身上的海外僑胞氣質。因此，黎鏗的代表性不如《戀愛與義務》中的那兩個小孩。這倆孩子一出來，就讓我不自覺地想到魯迅曾寫過的一篇文章，《從孩子的照相說

起》（談類似問題的文章還有《南腔北調集‧上海的兒童》、《華蓋集‧忽然想到之五》，以及《隨感錄‧二十五》、《我們現在怎樣做父親》等）。因爲兒童是最不能掩飾內心世界和精神氣質的，或者說，小孩子的面相和精神氣質，實際上就是成人世界和成人社會的直接體現精神氣質的一個體現。因爲兒童本眞，所以這倆孩子的面容讓人過目難忘。

卯、居住環境與人際關係

這也是影片當中不經意地體現出來的，說起來也讓人非常感慨。楊乃凡和李祖義私奔，到了一個地方安頓下來，不僅買菜做飯，而且居家過日子生起孩子來。他們採買菜蔬的菜市場，那個污水溝和今天北京遠郊區縣的菜市場有的一比。但是他們和睦的鄰里關係，與今天比較起來，差異就非常之大。這種和睦與融洽的鄰里關係，是居住環境所決定的，是眞正的街坊鄰居。譬如李祖義昏倒在自家門前，是鄰居夫婦把他抱到家裏來。假若今天發生了類似事情，除非你是領導，誰還主動過來幫忙把你扛到家裏去……現如今城市中貌似人人比鄰而居，但也只限於隔門相望的關係，因爲經年累月住在一處卻不知對方姓甚名誰，哪方神聖。

辰、為什麼要當裁縫？

李祖義死後，楊乃凡只好做了裁縫，含辛茹苦地度日。這一點情節安排使人想起 1925 年的《一串珍珠》。那個女主人公因爲愛慕虛榮，結果既丟了項鏈，也害得丈夫因爲挪用公款進了監獄，自己只能依靠以縫補爲生。按說楊乃凡也是青年學生出身，《戀愛與義務》給她安排這樣的一個職業有何根據、又有何寓意？因爲，如果說《一串珍珠》的女主人公本身是一個家庭婦女，她所從事的只能是這種對知識要求不高的特殊工作的話，那麼《戀愛與義務》中的女主人公好歹是上過學堂的學生，這種職業並不是她唯一的選擇；更何況，在過去講究門當戶對的情況下，她當初能被嫁到比較富裕的黃家，說明娘家也並非赤貧。事實上，影片這樣的安排與其說是細節考量的疏忽，倒不如說是舊市民電影模式化要求的必然產物，那就是通俗易懂的方式，到達懲罰其肉體、煎熬其靈魂，彰顯道德力量的目的。

巳、觀眾的當下反應

雖說舊市民電影類似的模式，尤其是表演的模式化所在多見，過去除了知識分子階層可能不見得待見之外，觀眾應該是不會有什麼輕慢的意

思，只有贊成和不贊成的、喜歡和不喜歡的，甚至是看見的和沒看見的區分。但那天我在《戀愛與義務》的公映現場，那些模式化的表演不斷引發觀衆明顯的嘲笑聲，或者說，是不無輕慢的嬉笑聲。儘管如此，影片最後彰顯的道德力量還是獲得了跨時代的成功。證據是影片結束放映的時候，現場響起了掌聲。這一點眞是出乎我的意料。這是否可以解釋爲，60 多年後的觀衆，尤其是青年人，影片可能有他們不喜歡的地方，但還有他們被打動的地方？

《戀愛與義務》截圖之二十九、三十

初稿時間：2010 年 12 月 12 日
初稿錄入：朱洋洋、張宏瑞
二稿時間：2012 年 3 月 22 日
二稿錄入：劉慧姣
三稿改定：2013 年 10 月 2 日～22 日
四稿修訂：2014 年 2 月 19 日

參考文獻

〔1〕新浪娛樂：《電影資料館攜手百老滙影城推出阮玲玉回顧展》
　　http://ent.sina.com.cn/m/c/2010-11-30/16403163004.shtml.
〔2〕王捷梅搜集整理，一代名導卜萬蒼〔M〕，北京：中國電影出版社，
　　2005。

〔3〕朱石麟，《戀愛與義務》作者羅琛女士之著述及其抱負〔J〕，影戲雜誌：第一卷，第 11、12 期合刊，1930-11//酈蘇元，胡菊彬，中國無聲電影史〔M〕，北京：中國電影出版社，1996：264。

〔4〕王捷梅搜集整理，一代名導卜萬蒼〔M〕，北京：中國電影出版社，2005。

〔5〕影戲雜誌，1930-1-10//中國電影資料館編，中國無聲電影（三）〔M〕，北京：中國電影出版社，1996：1198～1201。

〔6〕李淞耘，國片復興聲浪中的幾個基礎問題〔N〕，影戲雜誌，1931-2-3//中國電影資料館編，中國無聲電影（二）〔M〕，北京：中國電影出版社，1996：792。

〔7〕程季華，中國電影發展史：第 1 卷〔M〕，北京：中國電影出版社，1963。

〔8〕陸弘石、舒曉鳴，中國電影史〔M〕，北京：文化藝術出版社，1998。

〔9〕李道新，中國電影史研究專題〔M〕，北京大學出版社，2006。

〔10〕李道新，中國電影文化史（1905～2004）〔M〕，北京大學出版社，2005。

〔11〕李道新，中國電影史研究專題〔M〕，北京大學出版社，2006。

〔12〕上海：影戲雜誌（第一卷），1931-4（11、12 合刊）//李道新，中國電影史研究專題〔M〕，北京大學出版社，2006：51。

〔13〕開麥拉：羅明祐器重卜萬蒼〔J〕，上海：影戲生活（第一卷）1931-11（45）：47//李道新，中國電影文化史（1905～2004）〔M〕，北京大學出版社，2005：107。

第拾壹章　配角比主角出色，女兵勝俠客百倍——《一剪梅》(1931年)：1930年代初期的舊市民電影讀解之二

閱讀指要：

　　《一剪梅》是根據莎士比亞的早期喜劇《維洛那兩紳士》改編而來的，影片使用了這樣一個極具有中國傳統文化特色的名字，本身就帶有鮮明的舊市民電影色彩。實際上，整個影片已經將原著的西方情調和文化特色基本屏蔽，從名稱到內容都已經完全本土化，將中國 1920 年代舊市民電影的主題模式、審美趣味和表演風格表現得極為充分。對於現在很少見識 1920 年代後期興起、1930 年代初期衰落的中國武俠片粗鄙面貌的公眾來說，是一次難得的機會：做為配角，陳燕燕的表演比金焰主演的男主角更為好看，而林楚楚和阮玲玉的軍裝馬靴扮相，美艷妖冶、性感非常，打破了各自在電影史上古典美人和苦命怨女的既定形象，倒也別開生面。

關鍵詞：舊市民電影；表演；性感；喜劇；模式；

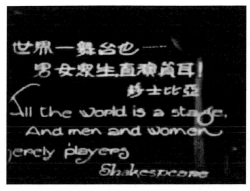

《一剪梅》截圖之一、二

專業鏈接 1：《一剪梅》（故事片，黑白，無聲），聯華影業公司 1931 年出品。
　　　　　DVD 時長：111 分 58 秒。
　　　　　〉〉〉 編劇：黃漪磋；導演：卜萬蒼；攝影：黃紹芬。
　　　　　〉〉〉 主演：金焰（飾演胡倫廷）、林楚楚（飾演督辦的女兒、
　　　　　　　　　胡倫廷的女友施洛華）、阮玲玉（飾演胡倫廷的妹
　　　　　　　　　妹胡珠麗）、王次龍（飾演胡珠麗的男友白樂德）、
　　　　　　　　　高占非（飾演駐督辦府的代表刁利敖）、陳燕燕（飾
　　　　　　　　　演胡珠麗的女傭阿巧）、王桂林（飾演施督辦）、
　　　　　　　　　劉繼群（飾演綠林軍師軍師肥朱）、時覺非（飾演
　　　　　　　　　綠林首領李義）、周麗麗（飾演督辦府的女護兵）。

專業鏈接 2：原片片頭及演職員表字幕
　　　　　一剪梅　　YIHJANME
　　　　　監製：羅明祐　SUPERVISER
　　　　　編劇：黃漪磋　ADAPTER
　　　　　導演：卜萬蒼　DIRECTOR
　　　　　製片主任：黎民偉　PRODUCTION MANAGER
　　　　　攝影：黃紹芬　PHOTOGRAPHER
　　　　　美術：詹少飛　ART DRECTOR S.F.LAO
　　　　　布景：趙扶理　SETTINGS F.L.CHAO

演員表：　　　　　　CAST：

胡珠麗	………	阮玲玉	Julia	……………………	lily Yuan
施洛華	………	林楚楚	Silvia	……………………	Lim Cho Cho
白樂德	………	王次龍	Proteus	………………	Wang Tse-lung
胡倫廷	………	金　燄	Valentine	……………	Raymond King
刁利敖	………	高占非	Vhurio	………………	Kao Chien Fei
阿　巧	………	陳燕燕	□ucetta	……………	Chen Yen Yen
軍師肥朱	……	劉繼群	□atty Chu	……………	Liu Chi-Chuen
施督辦	………	王桂林	Lee Y I	………………	Sze Ko Fei
盜首李義	……	時覺非	General Sze	…………	Wang Kwei-ling
女護兵	………	周麗麗	Lady-in-waiting	………	Lily Chou

胡倫廷———一代抱負不凡的陸軍學校畢業生

Valentine--an ambitious newly-graduate cadet.

白樂德———善交女友良於識兵

Proteus--who knows girls better than soidlers.

胡倫廷之妹珠麗……一位超越時代的摩登女性。

Julia.sister of Valentine, a model of the modern maidens.

施督辦之女洛華……巾幗中有丈夫氣

Silvia. General Sze's daughter-a maiden with the spirit of masculinity.

聲勢喧赫之某方駐粵代表刁利敖

Vhurio.delegate of an fluential party from another province,is a man of fame and influence at Canton.

專業鏈接 3：影片鏡頭統計

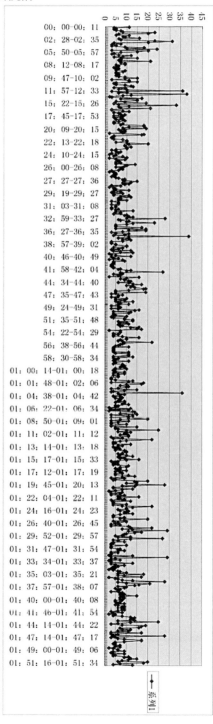

說明：《一剪梅》全片時長 111 分 58 秒，共 804 個鏡頭。其中：

甲、小於和等於 5 秒的鏡頭 274 個，大於 5 秒、小於和等於 10 秒的鏡頭 331 個，大於 10 秒、小於和等於 15 秒的鏡頭 121 個，大於 15 秒、小於和等於 20 秒的鏡頭 43 個，大於 20 秒、小於和等於 25 秒的鏡頭 12 個，大於 25 秒、小於和等於 30 秒的鏡頭 8 個，大於 30 秒、小於和等於 35 秒的鏡頭 2 個，大於 35 秒、小於和等於 40 秒的鏡頭 4 個，大於 40 秒的鏡頭 0 個。

乙、字幕鏡頭 143 個，其中交代劇情的鏡頭 20 個，人物介紹鏡頭 5 個，對話鏡頭 118 個；

丙、固定鏡頭 562 個；運動鏡頭：99 個。

丁、遠景鏡頭 68 個，全景鏡頭 111 個，中景鏡頭 109 個，中近景鏡頭 141 個，近景鏡頭 80 個，特寫鏡頭 126 個。

（數據統計與圖表製作：李梟雄）

專業鏈接 4：影片觀賞推薦指數：★★★☆☆

《一剪梅》截圖之三、四

甲、前面的話

現在大陸市面能見到的 1930 年代的中國電影中，《一剪梅》既不屬於「俏佳人」（廣州俏佳人文化傳播有限公司總經銷）系列，也不是前些年流行的 VCD，而是相對少見的 DVD 版本。不知道是它翻拍的膠片就是如此糟糕還是轉錄的問題，除了新加的中英文字幕清晰可見之外，碟片的畫質整體很差。有些段落，尤其是外景的段落簡直慘不忍睹。另外，這個片子與現在公眾能看到的同一時期的中國早期電影相比較，篇幅不僅出奇地長（112 分鐘），而且其中二、三十分鐘膠片是反著的，就像鏡子一樣左手擱在右邊，右手放在左邊，原片上的字幕也是反著來的。

　　現存的、公眾可以看到的 1931 年的 3 部影片，即《一剪梅》、《桃花泣血記》和《銀漢雙星》〔註1〕，都是由聯華影業公司出品、金焰和阮玲玉聯手主演的無聲片。在我的劃分體系中，它們都屬於舊市民電影：即主題思想迂腐陳舊，題材局限於家庭婚姻，打鬥、噱頭、多角戀情和荒誕不經是其必要的構成元素。

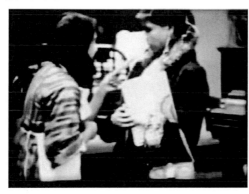

《一剪梅》截圖之五、六

　　如果說，《桃花泣血記》由於金焰、阮玲玉表演水平的青澀單一，尚不失可愛，《銀漢雙星》出於美工出身的大牌導演史東山之手，構圖和人物服裝講究還值得一看的話，那麼，《一剪梅》的意義和價值則相對較差；尤其是影片的後半部分，金焰扮演的男主人公上山落草為寇，以俠客的面目出入城鄉、裝神弄鬼，既毀壞了他自己俊朗小生的形象，也破壞了整部影片的格調——不過，這對於現在很少見識 1920 年代後期興起、1930 年代初期衰落的中國舊市民電影武俠片粗鄙面貌的公眾來說，倒是一次難得的鑒賞機會。譬如作為配角，陳燕燕的表演比金焰主演的男主角更為好看，而林楚楚和阮玲玉的軍裝馬靴扮相，美豔妖冶、性感非常，打破了各自在電影史上古典美人和苦命怨女的既定形象，倒也別開生面。

乙、《一剪梅》：舊市民電影中的亮點探擷

　　《一剪梅》本來是詞牌名，因宋代詞人周邦彥（1056－1121）的「　剪梅花萬樣嬌」而得名。電影《一剪梅》是根據莎士比亞（William Shakespeare，

〔註1〕在將本章編入本書前，我瞭解到，友聯影片公司 1930 年出品的《荒江女俠》（黑白，無聲）殘片，以及明星影片公司 1931 年出品的《銀幕豔史》（黑白，無聲）殘片尚有拷貝及視頻複製版保存於北京中國電影資料館。對後一部影片的具體分析，請參見本書第十四章。

1564～1616）的早期喜劇《維洛那兩紳士》（*The Two Gentlemen of Verona*，約 1594 年）改編的，使用這樣一個極具有中國古典文學意蘊的名字，本身就帶有鮮明的舊市民電影色彩。實際上，整個影片已經將原著的西方情調和文化特色基本屏蔽，從名稱到內容都已經完全本土化，將中國 1920 年代舊市民電影的主題模式、審美趣味和表演風格表現得極爲充分。

《一剪梅》截圖之七、八

就整個影片的主題和類型而言，《一剪梅》其實就是一個現代言情＋古代武俠的混合怪胎，沒有多少值得一提的地方；就表演而言，這是 1931 年金焰和阮玲玉主演的三個影片中最糟糕的一個作品（至少，這是就現在公眾能看到的作品而言）。如果說，在《桃花泣血記》中，金焰的表演雖然青澀但不失清秀、阮玲玉柔媚有餘、層次單薄的話，那麼，《一剪梅》中的金焰的表演簡直就是不堪入目——尤其是他以大俠面目出現時——而阮玲玉的戲路之窄也讓人反感（如果不是 1933 年左翼電影興起，阮玲玉的結局很可能和大多數同時代的著名影星一樣，默默地沉入歷史深處）。當然，這不是演員本身的問題，就像我一直強調的一樣，這是由影片的舊市民電影性質決定的。

正因爲影片中的人物塑造都符合舊市民電影的規範和要求，因此，整個片子的風格和主要演員的表演都受到束縛，但恰恰是陳燕燕扮演的配角（女傭阿巧）在上述兩方面都非常自如瀟灑，成爲影片最大的亮點。就舊市民電影一向刻意追求的趣味性和喜劇效果來說，其風頭甚至蓋過了主演金焰、林楚楚和阮玲玉。

譬如，花花公子白樂德（王次龍扮演）寫了封情書去勾引阿巧的主人胡珠麗（阮玲玉扮演），他問阿巧「願不願意做紅娘？」阿巧大怒道：「誰是紅娘？」白樂德熱心地解釋說，紅娘就是給戀人送信的美麗仙子，於是阿巧樂

顛顛地拿著信去交給胡珠麗說：「這是一位美麗仙子給你的書信」。確實搞笑。
當胡珠麗看到報紙上登出哥哥胡倫廷（金焰扮演）在廣州出事的消息時，一
籌莫展；阿巧把報紙拿過去，顛來倒去裝模做樣地一通亂看——她根本就不
認識字。作為 1930 年代聯華影業公司的當家明星之一，從現存影片來看，應
該說正是在 1931 年的《一剪梅》中，陳燕燕初露鋒芒、嶄露頭角，並且給觀
眾留下深刻印象。

《一剪梅》截圖之九、十

　　《一剪梅》作為現存不多的 1930 年代初期舊市民電影的代表，最讓人大
開眼界的，是它在不經意之間為 1920～1930 年代著名影星的風采留下了另外
一種情調和另外一種韻味。

　　香港居民黎民偉在 1913 年編導並主演了中國第一批短故事片之一的《莊
子試妻》（以華美影片公司的名義出品），他的太太嚴姍姍因在片中扮演使女
而成為中國第一位女影星 [1] P28。1924～1929 年，黎民偉在上海主持成立民新
影片公司，頭牌演員就是他的第二個太太林楚楚，（黎民偉和嚴姍姍的婚姻同
時有效）。林楚楚在「民新」公司出品的古裝大片《西廂記》（1927 年）和《木
蘭從軍》（1928 年）裏均出演女主角，是 1920 年代著名的電影明星之一。1930
～1936 年間，黎民偉帶領「民新」公司加入他與羅明祐主導的聯華影業公司，
雖然「聯華」公司造就和推出了一個又一個光彩照人的女影星，譬如王人美、
黎莉莉、陳燕燕、黎灼灼、阮玲玉等，但林楚楚一直是「聯華」的資深大牌
和一線主力明星 [註2]。

〔註 2〕1936 年 8 月，「聯華」大股東之一的吳性栽完全掌控公司大權後，迫使黎民偉
　　　　和羅明祐等退出並恢復了「民新」公司的製片業務，此時的林楚楚，仍然是
　　　　「民新」復興後的當家主力頭牌，主演了「民新」正式結束歷史存在的最後 3

　　實際上，在《一剪梅》中，跨時代的著名影星林楚楚的女騎士形象，以及剛出道不久、小有名氣的阮玲玉的軍服扮相，都給觀眾帶來意想不到的審美心理和視覺衝擊。林楚楚扮演督辦的女兒施洛華〔註3〕，任性、潑辣，想愛誰就愛誰、事實上就是可以無障礙地愛誰就是誰。她蹬長靴，騎駿馬，長髮披肩，執鞭在手，下不得廚房卻上得廳堂，上得操場更上得戰場；她手下的女兵也都和她們的這位女軍頭一樣，戎裝在身，短裙飄飄，看上去眞的是英姿颯爽、性感無比。由於情節的需要，阮玲玉在影片中也有穿靴戴帽、軍裝齊整的亮相〔註4〕。在這個意義上，《一剪梅》眞可謂1930年代中國電影中玉女軍裝秀的集大成者。

《一剪梅》截圖之十一、十二

丙、《一剪梅》：缺陷上的中西合璧

　　這裡所謂中西合璧，並不是說《一剪梅》有機地將原作的文化特色和西方背景移植入畫，而是說，《一剪梅》將許多洋式做派、洋式人物和洋式的表演方式，概念化地帶入了影片當中。雖然很少有人看過或者瞭解莎士比亞的原著，但是直覺上我認爲可以給《一剪梅》另外起一個名字，叫做《宮廷貴婦和少年將軍的風流韻事》。

部影片《母愛》（1936年）、《靈肉之門》（1936年）和《新人道》（1937年）〔3〕P458，這是後話。

〔註3〕《一剪梅》中林楚楚的面容、扮相和氣質，與大陸1990年代電視連續劇《過把癮》（李曉明、黑子編劇，趙寶剛導演）中走紅的女主演江珊的形神極其相似。兩廂對照，難免讓人有一種時光倒流、聲氣相接的恍惚感覺。

〔註4〕但在這裡仔細琢磨阮玲玉的這身裝束，又很容易產生心理上的扭曲和審美上的衝突——這是因爲，人們已經熟悉並把她定型在《神女》（聯華影業公司1934年出品）中一襲旗袍的性工作者的標誌性形象和職業套裝內。

　　所謂的洋式做派指的是影片中大肆渲染、著力強調的人物的背景和環境。譬如不論是在上海或者廣州，人物的活動背景都是在洋式建築中，尤其是人物服飾的西洋味道十足。這個片子的看點之一、也是當時的賣點之一，就是爲林楚楚扮演的施洛華（Silvia）特意安排的騎馬表演。這使觀眾得到一個非常感性的印象：在1920～1930年代中國的改革開放、西化程度，其實際的進入程度是很深的，當時中國社會上的上層女子，對洋玩意兒特別在行。這類人物和做派，恐怕不僅僅是影片的藝術表現或者演員個人騎術的炫耀，而是當時中國上層社會生活一個側面的眞實體現〔註5〕，同時也是「西化」在中國社會不僅全面進入、而且借助電影通俗化地反饋到大眾審美視野的體現。

　　然而，就電影歷史發展的角度看，《一剪梅》在情節、模式、表現方式等方面，卻又展示了舊市民電影在1930年代初期陳腐和沒落的景象。

《一剪梅》截圖之十三、十四

子、具有古典話本和舊小說意味的場景過渡

　　《一剪梅》的情節過渡和銜接都顯得生硬、單調，是陳舊的線性敘述模式。譬如每一個段落除了使用很笨拙的「翌晨（Next Morning）」轉場外，（這是舊市民電影最普遍的時空過渡模式），還用詩詞銜接轉場：施洛華和胡倫廷在花園裏幽會之前的字幕注解是：「暗香移影裏，無人私語時」；當白樂德應胡倫廷之邀去廣東投奔當督辦的舅舅時，給出的字幕說明是：「乘風去，衝霄漢，正男兒得意時」。

〔註5〕1930年代（1930～1937），「聯華」公司是和明星影片公司、天一影片公司齊
　　　名的中國三大電影製片公司之一，三家基本把持瓜分了中國國產影片的國內
　　　和海外電影市場。作爲「聯華」掌門之一黎民偉的二太太，林楚楚應該說屬
　　　於當時上流社會當中，人、品俱佳、根深葉茂的名媛仕女。

《一剪梅》截圖之十五、十六

丑、「三鳳求凰」──男女三角情感模式的設置

影片實際上把重心放在胡倫廷、白樂德和刁利敖（高占非扮演）三個男人對施洛華追求上，大肆演繹爭風吃醋、甚至野外兇殺、謀色害命的陳腐故事。讓人不能容忍的是，爲了把這段多角戀情表現得更有煽動性，影片的情節構充滿荒誕意味。譬如督辦在省政府辦公廳堂上辦公，女兒施洛華就在一邊撒嬌打鬧，爲她的男朋友求情；反過來，督辦也在辦公廳裏決定了女兒的終生大事。爲了給這三個追求者和女兒身份相配的地位和身份，影片的安排也很生硬：胡倫廷拿著同學白樂德的介紹信去找督辦，立刻就被任命爲督辦的衛隊長；當督辦寵信的督察處長刁利敖因傷不能辦公（實際上是在野地裏想非禮施洛華而被胡倫廷打傷），督辦又馬上任命白樂德爲督察處長。

《一剪梅》截圖之十七、十八

寅、表現方式的陳舊

無論是當時還是現在的觀眾，從這個故事從一開始就應該能夠大致猜出結局：亂則亂矣，最後必然要以大團圓收場。白樂德先是想拋棄胡珠麗、拼命追求施洛華，但是最後還是與胡珠麗重歸於好；胡倫廷和施洛華歷盡磨難，最終也喜結良緣。當然了，最荒誕的結局，是胡倫廷被「雙開」（開除公職和軍職）之後，率領一幫貌似農民起義軍的土匪（「大俠」），在大路中央和督辦談判雙方合作事宜；他向督辦陳情說：我手下的這一幫人都是有為的青年，希望督辦把他們招撫——上演了一出典型的山大王當場參軍的現代喜劇。

1920～1930 年代的舊市民電影有許多為人詬病的特點，以前很少看到這方面的例證，《一剪梅》倒是著實讓研究者領教了個案讀解的趣味和魅力。

《一剪梅》截圖之十九、二十

丁、多餘的話

子、影片中搞笑的地方，多是些超時空的經典段落，譬如白樂德為了把施洛華追到手，一句話就把身為督辦衛隊長的胡倫廷陷害到山上落草為寇，於是胡倫廷就帶領著一幫老少武俠在山上替天行道，還不時下山進城行俠仗義、暗殺不良城管人員。胡倫廷當上了山大王，（也不知道他是怎麼當上領導的，但在舊市民電影製作中，這些都不是什麼鳥問題），剛一接手隊伍就宣佈「三大紀律」，曰：「救苦濟貧、鋤強扶弱、不准調戲婦女」。

如果說前兩條是胡倫廷後來和督辦談判入夥的硬件配置，那第三條就成了影片製造趣味的超級兼容軟件。譬如著名的胖子影星劉繼群出演那個滑稽的副大王角色，當小嘍囉們將施洛華和胡珠麗擄掠上山，大王胡倫廷依次將兩個美女擁在懷裏；胖子大怒，呵斥說，不許調戲婦女。胡倫廷大手一揮，

說，這一個是我未婚妻；又一揮手，說，那一個是我妹妹——看到一段，你肯定會和那胖子一樣，對舊市民電影的道德趣味，只能用「汗」來表示歎服。

《一剪梅》截圖之二十一、二十二

　　丑、《一剪梅》除了讓人對舊市民電影的劣根性有更加深入的體會之外，對現今國人學習英文翻譯還有一定好處，譬如，影片將紅娘翻譯成「丘比特（Cupid）」。這個譯法看上去比較搞怪，但仔細一想，的確是酷斃到位。只不過，愛神丘比特把兩顆相愛的心穿成串兒的箭，比起紅娘的心眼兒到底血腥了些：因為根據中國古典文學專家吳曉鈴先生考證，紅娘膽敢背叛老夫人、竭力撮合張生和崔鶯鶯二人的好事，是因為根據舊例，她作為陪嫁婢女可以升格為妾[2]。

　　寅、現存《一剪梅》的碟片，無論是 VCD 還是 DVD 版本，畫質都是那麼不堪，用慘不忍睹來形容亦不過分。但是，飾演林楚楚女護兵的周麗麗卻依然光彩照人，第一次出場就讓我連呼性感。這幾年每次在課堂上放映這個片子，很多學生也有同感。前兩年偶然看到重新面世的《戀愛與義務》，這才發現，周麗麗在這部由聯華影業公司同年出品的影片中，飾演黃大任的紅顏知己張瑛〔註6〕。於是感歎，現在許多人只知道1940年代的民國電影群星璀璨，殊不知，這盛況早在1930年代初期就已經達到頂峰——那還是默片時代〔註7〕。

〔註6〕對《戀愛與義務》的詳細分析，請參見本書前一章節。
〔註7〕除了專業鏈接2：和專業鏈接3：，以及丁、多餘的話之外，本章的文字部分（約4200字），在收入《黑白膠片的文化時態——1922～1936年中國早期電影現存文本讀解》之前，曾以《〈一剪梅〉：趣味大於思想，形式強於內容——1930年代初期的中國舊市民電影樣本讀解之一》為題，發表於《新疆藝術學院學報》2008年第4期（烏魯木齊，季刊）。此次收入本書時，丁、多餘的話中的寅、是新增加的，此外，閱讀指要：是成書版和雜誌版的閱讀指要：合併使用的結果。特此申明。

《一剪梅》截圖之二十三、二十四

初稿時間：2007 年 1 月 29 日
初稿錄入：方捷新
二稿校改：2007 年 2 月 3 日
三稿改定：2007 年 12 月 2 日
四稿修訂：2014 年 2 月 19 日

參考文獻

〔1〕程季華，中國電影發展史：第 1 卷〔M〕，北京：中國電影出版社，
　　1963。
〔2〕安迪，「滿地花，拖地錦」〔N〕，作家文摘，2007～1～19（11）。
〔3〕程季華，中國電影發展史：第 1 卷〔M〕，北京：中國電影出版社，
　　1963。

第拾貳章　舊模式的慣性遺存和新信息的些許植入——《桃花泣血記》(1931 年)：1930 年代初期的舊市民電影讀解之三

閱讀指要：

　　孩童時代的金焰和阮玲玉那一段兩小無猜的「泥巴混戰」，就是古典詩詞中「青梅竹馬」的原生態版本；多年以後，男主人公看到女主人公的第一眼是她正在紡線織布的身姿，這又是古典戲劇中「牆頭馬上」的黑白影像版。在舊市民電影的文化語境中，這兩場戲都堪稱經典場面。舊市民電影是中國早期電影在 1932 年之前主流電影的唯一代表，它在 1930 年代初期左翼電影和新市民電影出現之前趨於沒落。《桃花泣血記》和現在公眾可以看到的聯華影業公司在同一年出品的另外兩部影片《銀漢雙星》、《一剪梅》一樣，都具有舊市民電影沒落、行將向新電影轉化時期新、舊雜陳的特點；而《桃花泣血記》固有的舊市民電影的暴力意識，多少與一年之後出現的左翼電影中的階級暴力在藝術表現上有銜接之處。

關鍵詞：舊市民電影；模式；暴力；苦情戲；信息；

《桃花泣血記》截圖之一、二

專業鏈接 1：《桃花泣血記》，(故事片，黑白，無聲)，聯華影業公司 1931 年
　　　　　出品。VCD（雙碟），時長 88 分 15 秒。

　　　　　〉〉〉 **編劇、導演：**卜萬蒼；**攝影：**黃紹芬。

　　　　　〉〉〉 **主演：**金焰（飾演金德恩）、阮玲玉（飾演琳姑）、李時苑
　　　　　　　　（飾演金德恩之母金太太）、王桂林飾演琳姑之父陸
　　　　　　　　起）、周麗麗（飾演琳姑之母）、黎豔珠（飾演金德
　　　　　　　　恩表妹周娟娟）、韓蘭根（飾演金家瘦僕）、劉繼群
　　　　　　　　（飾演金家肥僕）、黃筠貞（飾演周娟娟母親）。

專業鏈接 2：原片片頭及演職員表字幕

　　　　　桃花泣血記　THE PEACH GIRL

　　　　　監製：羅明祐　SUPERVISED BY LO MING YAU

　　　　　編劇兼導演：卜萬蒼　WRITTEN&DIRECTED By RICHARD POH

　　　　　製片主任：黎民偉　PRODUCTION MANAGER LAY MIN WEI

　　　　　攝影：黃紹芬　PHOTOGRAPHY By HUANG SLAO FEN

　　　　　布景：趙扶理　SETTINGS By F.L.CHAO

　　　　　演員表：　　　　　　　　CAST：

　　　　　琳　姑 ……… 阮玲玉　　Miss Lim …………… Lily Yuen

　　　　　金德恩 ……… 金焱　　　King Ten-en ………… Raymond King

　　　　　金太太 ……… 李時苑　　Mirs.King …………… S.Y.Li

　　　　　陸　起 ……… 王桂林　　Loo Chi ……………… Wong Kwai-ling

琳姑之母 …… 周麗麗　　Lim's Mother ………… Chow Lee-Lee

周娟娟 ……… 黎艷珠　　Chow Chuen Chuen … Y.C.Lay

瘦　僕 ……… 韓蘭根　　Slim ……………… Han Lan-ken

肥　僕 ……… 劉繼群　　Fatty ……………… Liu Chi chuen

陸起，金百萬家的佃户，這時候正是他結婚後最擔□而最快樂的一剎那。

Loo Chi, a farmer in Mrs. □ employ, in the happiest also most anxious moment.

陸起之妻及其女琳姑　Lou Chi's wife and his daughter, miss him.

琳姑，豆蔻年華之琳姑　Miss Lim, a grown up girl

金德恩　成年時代之金德恩　King The-en

周娟娟　黎艷珠　Y.C.Lay

專業鏈接 3：影片鏡頭統計

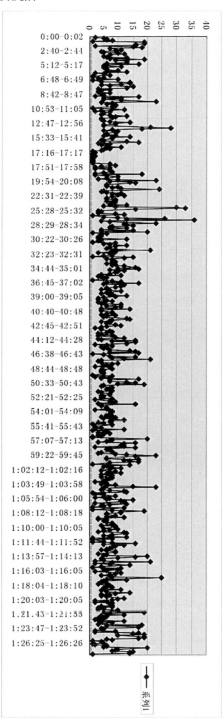

說明：《桃花泣血記》全片時長 88 分 16 秒，共 685 個鏡頭。其中：

甲、小於和等於 5 秒的鏡頭 252 個，大於 5 秒、小於和等於 10 秒的鏡頭 276 個，大於 10 秒、小於和等於 15 秒的鏡頭 95 個，大於 15 秒、小於和等於 20 秒的鏡頭 46 個，大於 20 秒、小於和等於 25 秒的鏡頭 11 個，大於 25 秒、小於和等於 30 秒的鏡頭 3 個，大於 30 秒、小於和等於 35 秒的鏡頭 1 個，大於 35 秒、小於和等於 40 秒的鏡頭 1 個，大於 40 秒的鏡頭 0 個。

乙、片頭鏡頭 10 個，片尾鏡頭 1 個；字幕鏡頭 152 個，其中交代劇情的鏡頭 33 個，交代人物鏡頭 8 個，對話鏡頭 111 個。

丙、固定鏡頭 468 個，運動鏡頭 54 個。

丁、遠景鏡頭 33 個，全景鏡頭 106 個，中景鏡頭 74 個，近景鏡頭 248 個，特寫鏡頭 61 個。

（數據統計與圖表製作：喬潔瓊；核實：李枭雄）

專業鏈接 4：影片觀賞推薦指數：★★☆☆☆

《桃花泣血記》截圖之三、四

甲、前面的話

今天的觀眾恐怕很少會看到一開始就是一篇舊體詩的電影，但 1931 年的電影《桃花泣血記》片頭就是這樣。作為中國早期電影中的舊市民電影，這篇立意通俗、用詞濃艷的詩作，實際上就是影片的故事梗概和美學風格的標識牌照。詩曰：

　　　　胭脂鮮艷何相類，花之顏色人之淚。若將人淚比桃花，淚自長
　　流花自媚。淚眼觀花淚易乾，淚乾春盡花憔悴。

在我看來，從 1905 年所謂中國第一部電影出現 [1] P14，到 1932 年左翼電影開

始成爲新興的國產影片類型乃至電影主流，舊市民電影一直是中國早期電影
的唯一主流和全部面貌[2]；之所以稱之爲舊市民電影，是因爲在 1933 年，加
入左翼電影元素和對有聲技術的依賴，使得舊市民電影演變爲更適合電影市
場需求的新市民電影[3]。1930 年代初期，舊市民電影在新市民電影和左翼電
影出現之前趨於沒落。

　　《桃花泣血記》和現在公眾能夠看到的、由聯華影業公司在同一年出品
的另外兩部影片《銀漢雙星》（朱石麟編劇，史東山導演，金焰、紫羅蘭主演）
和《一剪梅》（黃漪磋編劇，卜萬蒼導演，金焰、阮玲玉、林楚楚主演）一樣，
都具有舊市民電影沒落階段、行將向新電影轉化時期新、舊雜陳的特點；其
中，《一剪梅》更能表現舊市民電影舊有的獨特形態，《銀漢雙星》更多地體
現出導演對畫面和鏡頭的審美追求，而《桃花泣血記》在暴力意識上，多少
和一年後出現的早期左翼電影有內在的邏輯關聯。

《桃花泣血記》截圖之五、六

乙、舊市民電影固有的模式之一：男女主人公及其情感定位

　　《桃花泣血記》的舊市民電影固有模式，或曰傳統的戲劇戲曲的痕迹是
很明顯的，譬如影片中男女主人公形象和他們的情感定位。

　　「郎騎竹馬來，繞床弄青梅」（李白：《長干行》）；「牆頭馬上遙相望，一
見知君即斷腸」＝（白居易：《井底引銀瓶》）。稍微回顧一下中國的古典文學
和傳統戲劇戲曲，應該承認，這樣的人物形象和情感定位模式對國人來說相
當熟悉親切；或者說，人們已經習慣於這樣的審美心理模式並自然地將其帶
入觀影心理。所謂的「習慣於」指的是，在傳統文化的薰陶之下，人們不自
覺地在生活經驗和審美活動中模仿或者重現古典個案。譬如影片中，男女主

人公金德恩和琳姑兩小無猜孩提時代的那一段「泥巴混戰」，就是古典詩詞中「青梅竹馬」的原生態版本；多年以後，男主人公看到女主人公的第一眼是她正在紡線織布的身姿，這又是古典戲劇中「牆頭馬上」的黑白影像版。在舊市民電影的文化語境中，這兩場戲都堪稱經典場面，讓人感觸良多。

《桃花泣血記》截圖之七、八

　　就像「某某婆姨」是極具中國地方特色的情感品牌標誌一樣，在農業文明的背景下，一個女人如此辛勤勞作的身姿定格，既是傳統社會對一個女性在品性修養和人格層次的道德評定標準之一，也是舊市民電影固有的道德和審美尺度之一。所以，東家少爺金德恩對農家少女琳姑一見鍾情〔註1〕。與其它的舊市民電影稍有不同的是，《桃花泣血記》對農耕文明的讚頌，重心在人物而不在景物。換言之，男主人公驚歎於女主人公紡線的美麗身姿，這種美與其說是一種情色之美，倒不如說是一種道德之美；與其說是男性（和男性群體）著迷於這個女子的青春亮麗，倒不如說著迷於她有一個符合各方面要求的傳統行為意識。這無疑屬於一種在經典作品中、在舊市民電影或舊文藝作品如通俗小說中常見的一種人物塑造和審美模式。所以我說，《桃花泣血記》體現出的是舊市民電影那經典的定情之「做」〔註2〕。

〔註1〕童稚時代的嬉戲友好不能當真。勞作中的成年女子最美、最能打動男性，因為這意味著她天性質樸而且恪守婦德，（把一個在精品購物區瘋狂刷卡的女人認為是美，那是現代都市中後現代的審美判斷──當然也可以視為超新人類或女權主義的都市升級版）。

〔註2〕在1949年後的中國大陸的電影中，但凡屬於正面女性人物，1949年前的形象就是必須參加遊行喊口號──林道靜就是從不願幹家務活開始，投身「革命」學生運動的（《青春之歌》，北京電影製片廠1959年攝製）；1950年代得會開拖拉機（《女司機》，上海電影製片廠1951年攝製）；1960年代得參與技術革

　　此外，《桃花泣血記》採用了傳統的、封閉的敘述模式。爲了更好地講述這對新男女被舊道德殘酷扼殺的故事，影片從頭講起、從兩個小朋友穿開襠褲玩泥巴的時候講起，一直講到他們的下一代也到了這個年齡，形成一個完整的、封閉的敘事結構，衝突的設置和解決，也遵循這個規律——幾年後的新電影譬如經典左翼電影，更多使用橫截面切入的現代敘述方式，譬如《風雲兒女》（電通影片公司 1935 年出品），而《桃李劫》（電通影片公司 1934 年出品）則幾乎是採用全篇倒敘形式〔註3〕。

《桃花泣血記》截圖之九、十

丙、舊市民電影模式的裂變之一：與左翼電影在暴力意識上的銜接

　　舊市民電影中非常倚重的道德模式和道德價值評判體系，在《桃花泣血記》中的體現，就是男主人公的「孤兒寡母」家庭出身背景。在這個背景之後，是中國傳統文化當中特有的「撫孤現象」。

　　不用追溯久遠，就在《桃花泣血記》生成的 20 世紀 1920～1930 年代，當時中國文化界最重要的著名人士，基本上都出身和成長於這樣的家庭模式：胡適、魯迅、郁達夫、茅盾、老舍、夏衍……。這種現象反映在母子關

　　　新和思想改造運動，1970 年代得學工、學農、批判資產階級，（就是不學習文化知識和美化自己）；1980 年代，織毛衣或洗衣服就可以了；1990 年代以後至今，恐怕得當一商業領域的女大亨或女強人，譬如從事 IT 產業或房地產開發什麼的。

〔註3〕對這兩部影片的詳細討論，請參見拙作：《左翼電影的藝術特徵、敘事策略的市場化轉軌及其與新市民電影的內在聯繫》（載《湖南大學學報》2008 年第 3 期）、《電影〈桃李劫〉散論——批判性、階級性、暴力性與藝術樸素性之共存》（載《寧波大學學報》2008 年第 2 期）。

係中，就是一、在家庭生活中，母親成為父親形象的替代，母子衝突實際上是父子衝突，而父子衝突往往是道德領域和價值觀念的衝突；二、傳統意義上母子間的衝突因為常常表現在感情領域，因此，往往是母親干涉或者包辦兒子的愛情婚姻，或者因此而形成情感衝突和對立[4]。在現實生活中，前述名人們的婚姻基本上是由母親包辦，有無愛情不要緊（實際上基本沒有），要緊的是母親替兒子娶了媳婦（而兒子最終另有所愛）。在影片《桃花泣血記》中，母親（父親形象的替代者）對兒子愛情婚姻的干涉和否定、女主人公的痛苦和死亡，與其說是婆婆佔了上風，不如說是父權文化背景及其相關的道德模式在起決定作用；與其說是兒子贏得了愛情，不如說是家族傳承後繼有人──愛人死了，孩子卻被接納認祖歸宗。

《桃花泣血記》截圖之十一、十二

值得注意的是，《桃花泣血記》在這一問題的解決上出現了暴力意識對舊市民電影道德模式的破壞，並由此留下了向階級暴力意識的延伸和轉化的線索，這是影片新舊雜陳特徵中「新」的地方。

1931年的《桃花泣血記》，已經表現出對現存的生活狀態和道德秩序的疑問，並表現出一定程度的暴力抗爭。譬如那個原來一心要做孝子的男主人公金德恩，面對母親的強力束縛和不人道的道德指令，忍無可忍，將母親一把推倒，並宣佈，你不承認琳姑和我的婚姻，我就不承認對你的孝順。在這裡，主人公的暴力行為就不僅僅是今天所謂家庭暴力所能涵蓋的，它還是對當時舊有的道德標準和倫理尺度的暴力反抗。因為這是傳統倫理道德中大不孝的舉動，與弒君弒父的罪行相仿。由此可以看出，《桃花泣血記》在舊市民電影對道德要求非常嚴格的家庭倫理層面，出現了反倫理的暴力傾向，這是它出格即出新的地方。

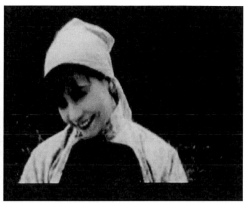

《桃花泣血記》截圖之十三、十四

　　如果說上述暴力行為，出於對情節設置和高潮需要的考慮、出於編導的無意識而局限在個體方面的話，那麼，《桃花泣血記》對群體暴力的表現和強調卻是有意為之的，雖然，這主要是舊市民電影出於對趣味追求的需要。譬如影片開始，在表現、讚美鄉村自然美景時，突然出現竊牛賊和佃戶們大規模的暴力場面，不僅佔了相當的篇幅，而且出現了兩次。這顯然是舊市民電影打鬥戲的傳統病症，也是編導和觀眾的共同偏好。

《桃花泣血記》截圖之十五、十六

　　問題在於，一年後即 1932 年出現的早期左翼電影的一個突出特徵，就是有意識地對暴力行為和暴力意識的展現和宣揚，左翼電影高潮時，群體暴力或曰階級暴力意識的宣揚更成為主要特點。在《桃花泣血記》中，佃戶們暴力場面背後的階級衝突和階級矛盾線索已經隱約可見。因此，當影片讚揚男女主人公兩小無猜情誼的時候，又通過「階級觀念不發生效力於天真時期」

的旁白，點出了階級意識的重要性，而左翼電影所依賴和常常套用的模式之一，就是階級意識指導下的暴力衝突。

因此，在這個意義上，《桃花泣血記》在客觀上形成了與左翼電影在暴力意識上的銜接。這是當時的編導和觀眾始料未及的，但卻是後人和研究者不應該忽略的。

丁、舊市民電影固有的模式之二：苦情戲與男女主人公的煽情表演

女主人公琳姑生活在秀美如畫、牛羊滿山的祥和村落，雙親俱在，家庭和睦，父親身強力壯，母親勤勞持家，自己如花似玉。但好景不長，苦難接踵而至：先是愛情受挫，被「婆婆」攆出家門，在外私自同居，種下苦果；母親連氣帶病很快死去，父親又被竊牛賊打瞎了雙眼；自己帶著剛出生的嬰兒衣食無著，身陷賣身求活的慘境……等到「丈夫」金德恩終於衝破阻撓來到身邊時，苦命的女主人公已經病入膏肓……兩代人的家破人亡，還連累了「不知人間情為何物」的嬰孩。

作為舊市民電影，《桃花泣血記》必然要接受傳統戲劇戲曲表演模式的規範要求，其中之一就是「苦情戲」，這也是舊電影或曰市民電影一個最成功的表現方式。就這一點而言，《桃花泣血記》做得是非常之好──「苦」倒不見得新鮮，但「戲」卻被一對金童玉女演得有煽「情」之嫌。

《桃花泣血記》截圖之十七、十八

男主人公金德恩的扮演者金焰（1910～1983）本是朝鮮漢城人氏，原名金德麟，2 歲時隨父親來到中國東北，17 歲到上海在民新影片公司做場記，1929 年參加武俠片《風流劍客》的演出，正式出道；1930 年，金焰隨「民新」加入新成立的聯華影業公司，和阮玲玉聯手主演孫瑜編導的《野草閒花》，初

步奠定了兩人在演藝界的地位[5] P254。女主人公的扮演者阮玲玉(1910～1935)
原籍廣東，生於上海，16 歲考入明星影片公司，1927 年主演了卜萬蒼導演的
《掛名的夫妻》，1929 年轉入「聯華」公司[6] P253。

　　1931 年，阮玲玉和金焰都在 21 歲的年齡，造型清純，傾情合作，包攬了
卜萬蒼導演的《戀愛與義務》、《桃花泣血記》和《一剪梅》3 部影片的男女主
演，迅速躥紅，成為「聯華」名牌陣容中的一線主力〔註4〕。但兩人在《桃花
泣血記》中的表演，卻都稍顯青澀。如果說，金焰的青澀在外型和氣質上，
與影片男主人公熱戀中的稚拙神態還有接近和呼應之處，(譬如他的大男孩的
作派讓母親氣憤難耐，卻讓琳姑和觀眾欣喜不已)，還能獲得今天人們跨時空
的認可的話，那麼，阮玲玉的青澀就不是這麼簡單。

《桃花泣血記》截圖之十九、二十

　　在 1930 年代，20 多歲不是少女的年齡而是婦人的年紀，雖然阮玲玉憑藉
她纖細的南國形體和俊俏容貌滿足了鏡頭和觀眾的雙重檢驗，但她表演類型
化、模式化的痕迹很重。在普通觀眾的一般印象中，阮玲玉在《神女》(聯華
影業公司 1934 年出品)中扮演的性工作者，既是 1930 年代中國電影經典性
的體現，也是她作為一代巨星的標誌性形象。其實，這是阮玲玉在藝術創作
顛峰時期最佳狀態。而 1931 年阮玲玉扮演的琳姑，還明顯地沒有進入狀態，

〔註 4〕1932 年後，人們再沒有看到這對金童玉女以主演的身份出現在同一部影片
　　　　中，其中的原因現在看似簡單：1931 年下半年，金焰在和新星王人美(1914
　　　　～1987)為「聯華」公司主演《野玫瑰》時發生戀情，1933 年，金、王結婚。
　　　　兩年後的 1935 年，阮玲玉因為自己婚姻愛情的打擊，自殺身死，凄婉謝幕，
　　　　年僅 25 歲。1940 年代，金焰和王人美的婚姻結束，再娶電影演員秦怡(1922
　　　　～)。

表演也成問題。譬如在《桃花泣血記》中，最讓人震撼和最值得稱道的是她的巧笑媚兮，但相對於「巧笑盼兮」的中國古典動態美學的標準和要求而言，阮玲玉此時的表演技法單一，層次和深度遠遠不夠。

當然，金焰和阮玲玉兩人在《桃花泣血記》中表演缺陷和不足，從根本上說，是受到舊市民電影的傳統表演模式局限和束縛——這也是不可忽略的一點。

戊、舊市民電影裂變的模式之二：有效信息的留存和對新電影出現的準備

從電影有效信息攜帶的角度來說，舊市民電影的一個特點就是信息稀少、陳舊。換言之，1920 年代的舊市民電影，基本上是一個中國傳統戲劇戲曲和武俠言情小說的電子影像無聲版，因為故事是大家都知道的〔註5〕。

1930 年代中國電影第一年的作品，《桃花泣血記》表現出新舊雜陳的特徵。在此處，「新」就是發現和創造的意思。那麼，就對生活的表現而言，舊市民電影的「舊」，就可以表述為對生活的「不創造」和沒有更多的新信息。而人們知道，任何藝術作品都有一個最基本的功能：表現生活、反映生活，更是表現和反映理想生活——這就是創造和藝術的魅力。人們為什麼喜歡好的作品好的電影？因為這些東西是在生活中很少碰到或根本碰不到，只有藝術才能給你帶來這種快樂，這就是藝術永恆的魅力。一個人可能有一時的魅力，不可能有一生一世的魅力，但是藝術可以。而且藝術從來不欺騙你。有虛偽的藝術，但藝術是不虛偽的；如果是虛偽的，它就不是藝術。

那麼，相對於舊市民電影的所謂新電影，譬如 1932 年之後的左翼電影，它的新就在於它有大量的新信息。觀眾進入電影院之後，不是單向和被動地接受或者重溫道德、價值的灌輸，欣賞在固有觀念指導下的個案重演，而是去接受大量的、對觀眾來說是最為新鮮的、並且富有刺激性的信息。而這種信息，是觀眾從其他的渠道、尤其是其他文藝載體所不能夠獲得，或者獲得

〔註 5〕這就好比當時中國人喜歡的京劇，編排出來的故事就那麼些，觀眾誰都清楚，連哪段跟哪段、是什麼唱腔都知道，不同之處只在於演員表述（唱）得有區別——而觀眾要的就是這個不同的表述而已。以至於過去看京劇的時候不叫看戲，叫聽戲。觀眾可以閉著眼睛欣賞，這是馬連良唱的，那是程硯秋，這個還是尚老闆（小雲）的好啊，等等。

效果是截然不同的。電影是最好的載體，因爲影像在信息的傳達上具有直觀性和更廣泛的通俗性。也就是說，單從信息量的多寡、新舊、比例方面，就可以來劃分電影的新與舊。

另一方面，雖然是舊市民電影，但《桃花泣血記》攜帶的一些信息在今天依然有效：在所謂擁有幾千年文明歷程的國度裏，不知道有多少像桃花一樣豔麗的生命，曾經燦爛地開放過，但是剎那間，就無聲無息地消失在歷史的深處。同時代的人和後來人甚至都不能夠知道，曾經有這樣的生命，或者有這樣的事情，存在和發生過。這，也是當下重溫中國早期電影的意義之一和價值所在。

《桃花泣血記》截圖之二十一、二十二

己、多餘的話

子、《桃花泣血記》中的金太太，即金德恩的母親、琳姑的「婆婆」，她身上的「善」與「惡」，和普天下的中國父母一樣，其實一直是可以互相轉化的。金太太對兒子愛情婚姻的阻礙和干涉，在金德恩、琳姑和觀眾看來是「惡」，但在她「婆婆」的角度，卻是「善」的。這要是翻譯成現代話語就是：「我爲了你，捨不得吃捨不得穿。你還不好好學習」、還竟然找了這麼一個既沒工作又沒戶口的鄉下柴火妞兒做媳婦——「是可忍孰不可忍？」。

丑、其實，在父母和孩子的關係格局中，恰恰不是子女應該感謝父母，而是父母應該對孩子心存感激，因爲孩子給你帶來人性和生命的圓滿；一個真正意義上的人，長大以後是要結婚的，結了婚是要生孩子的——不管你以後是否離婚或者那個孩子到底是誰的，這都不是最重要的。其實。在《桃花

泣血記》出現前 10 多年，就有人做過類似的指示：做父母的，自己應該「背著因襲的重擔，肩住了黑暗的閘門」，放孩子「到寬闊光明的地方去；此後幸福的度日，合理的做人」[7]。文藝的新與舊，實際上是人生態度和價值觀念的先進和落後之分啊〔註6〕。

《桃花泣血記》截圖之二十三、二十四

初稿時間：2003 年 11 月 6 日
初稿錄入：袁園
二稿校改：2007 年 1 月 29 日
三稿改定：2007 年 12 月 3 日
四稿修訂：2014 年 2 月 20 日

參考文獻

〔1〕程季華，中國電影發展史：第 1 卷〔M〕，北京：中國電影出版社，1963。

〔註 6〕除了專業鏈接 2：和專業鏈接 3：，以及己、多餘的話之外，本章的文字部分（約 5800 字），在收入《黑白膠片的文化時態——1922～1936 年中國早期電影現存文本讀解》之前，曾以《〈桃花泣血記〉：模式的遺存和新信息的些許植入——1930 年代初期的中國舊市民電影樣本讀解之一》爲題，發表於《浙江傳媒學院學報》2009 年第 3 期（杭州，雙月刊）。此次收入本書時，閱讀指要：是成書版和雜誌版的閱讀指要：合併後的面貌。特此申明。

〔2〕袁慶豐，電影市場對左翼電影類型轉換及其品質提升的作用——以《壯志凌雲》爲例〔J〕，南京師範大學文學院學報，2009（2）：121～124。

〔3〕袁慶豐，左翼電影的藝術特徵、敘事策略的市場化轉軌及其與新市民電影的内在聯繫〔J〕，湖南大學學報，2008（3）：132～136。

〔4〕袁慶豐，郁達夫早年家庭經濟狀況及其成員關係〔J〕，中國現代文學研究叢刊，1997（3）：185～190。

〔5〕程季華，中國電影發展史：第 1 卷〔M〕，北京：中國電影出版社，1963。

〔6〕程季華，中國電影發展史：第 1 卷〔M〕，北京：中國電影出版社，1963。

〔7〕魯迅，我們現在怎樣做父親〔M〕//魯迅全集：第 1 卷，北京：人民文學出版社，1981：140。

第拾參章 這豔麗，一半來自落日，一半來自朝霞——《銀漢雙星》（1931年）：1930年代初期的舊市民電影讀解之四

閱讀指要：

在傳統的社會當中，異性在公眾場合獲取他所中意對象的性信息非常之少，相應的信息傳達也相對困難，因此就不得不增加敘述篇幅，進而導致節奏緩慢。換言之，《銀漢雙星》中拖沓的情節發展、非常緩慢地釋放性信息的節奏，只適合於傳統社會和相對穩定的社會現實環境，更與傳統社會和傳統審美趣味合拍。從 1920 年代中後期開始，舊市民電影積極嘗試將新觀念和新意識帶入到電影製作當中，電影語言在逐漸成熟，它從原來純粹的舊文藝或者舊文學的電子影像版開始向發展出自己的表現風格和話語系統努力。這個逐漸建立、完善的過程貫穿整個1920 年代並在 1930 年代初期達到高潮。從這個意義上說，舊市民電影不僅是先後出現於 1932 年的左翼電影和1933 年新市民電影孕育母體，而且還是 1930 年代中國電影走向高峰進而與世界文藝同步接軌的一個積累期和準備期。

關鍵詞：1930 年代；「聯華」；舊市民電影；電子影像版；自覺性；

《銀漢雙星》截圖之一、二

專業鏈接 1：《銀漢雙星》（故事片，黑白，無聲），聯華影業公司 1931 年出品。
VCD（雙碟），86 分 24 秒。

>>> 原著：張恨水；編劇：朱石麟；導演：史東山；
攝影：周克。

>>> 主演：金焰（飾演男明星楊倚雲）、紫羅蘭（飾演女影星李月英）、高占非（飾演導演高琦）、葉娟娟（飾演春萍）、陳燕燕（飾演女演員）、劉繼群（飾演副導演）、宗惟賡（飾演李月英父親李旭東）。

>>> 客串：王次龍、孫瑜、蔡楚生、周文珠、湯天繡、微微先生、周克、黃紹芬、王人美、黎莉莉。

專業鏈接 2：原片片頭及演職員表字幕

聯華影片公司

銀漢雙星　TWO STARS

監製：羅明祐　SUPERVISED BY LO MING YAU

製片主任：陸涵章　PRODUCTION MANAGER LU HAN ZHANG

編劇：朱石麟　ADAPTED By CHU SHIH LING

原著：張恨水　ORIGINAL STORY By CHANG HEN SHUI

攝影：周克　PHOTOGRAPHY By K.CHOW

布景：方沛霖　SETTINGS By P.R.FANG

音樂顧問：蕭友梅先生　黎錦暉先生　金擎宇先生　李世達先生

Musical Advisers by　Mr.Y.M Siao　Mr.Li Junhuei　Mr. K.Y.King

Mr.A.Richter

導演：史東山　DIRECTED By TOMSIE SZE

李旭東，南海音樂家李旭東……宗惟康

Li Kuk Tung, of cantonese……

其女月英……　紫羅蘭　His daughter Yueh-Ying……

高琦，導演高琦……高占非　Kao Che, the film director……

副導演：劉繼群

楊倚雲，明星楊倚雲，乃高導演之表弟……金燄

His cousin, Yang Yee Yun……

春萍：葉娟娟

專業鏈接 3：影片鏡頭統計

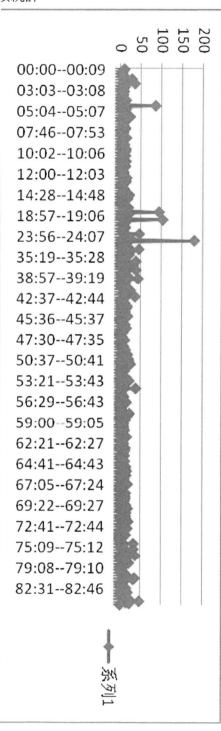

說明：《銀漢雙星》全片時長 86 分 24 秒，共 491 個鏡頭，其中：

甲、小於和等於 5 秒的鏡頭 221 個，大於 5 秒、小於和等於 10 秒的鏡頭 124 個，大於 10 秒、小於和等於 15 秒的鏡頭 83 個，大於 15 秒、小於和等於 20 秒的鏡頭 28 個，大於 20 秒、小於和等於 25 秒的鏡頭 15 個，大於 25 秒、小於和等於 30 秒的鏡頭 1 個，大於 30 秒、小於和等於 35 秒的鏡頭 5 個，大於 35 秒、小於和等於 40 秒的鏡頭 6 個，大於 40 秒、小於和等於 45 秒的鏡頭 2 個，大於 45 秒、小於和等於 50 秒的鏡頭 2 個，大於 50 秒、小於和等於 80 秒的鏡頭 0 個，大於 80 秒、小於和等於 85 秒的鏡頭 1 個，大於 85 秒、小於和等於 90 秒的鏡頭 0 個，大於 90 秒、小於和等於 95 秒的鏡頭 1 個，大於 95 秒、小於和等於 100 秒的鏡頭 0 個，大於 100 秒、小於和等於 105 秒的鏡頭 1 個，大於 105 秒、小於和等於 175 秒的鏡頭 0 個，大於 175 秒、小於和等於 180 秒的鏡頭 1 個， 180 秒以上的鏡頭 0 個。

乙、片頭鏡頭 12 個，片尾鏡頭 1 個；字幕鏡頭 84 個，其中交代劇情的鏡頭 20 個，交代人物鏡頭 4 個，對話鏡頭 60 個。

丙、固定鏡頭 379 個，運動鏡頭 15 個。

丁、遠景鏡頭 23 個，全景鏡頭 107 個，中景鏡頭 118 個，近景鏡頭 128 個，特寫鏡頭 18 個。

（圖表製作與數據統計：喬潔瓊；核實：李橐雄）

專業鏈接 4：影片觀賞推薦指數：★★☆☆☆

《銀漢雙星》截圖之三、四

甲、前面的話

從 1905 年所謂第一部電影出現之後，早期中國電影和同時代的世界電影一樣，商業性一直是電影製作的內在品質和外在表現形式。從現存資料來看，中國電影在 1920 年代的興盛，與商業性的投資密切相關。譬如，1922 年明星

影片公司的成立就是資本生育的直接結果[1] P57；在 1920 年代，早期中國電影唯一的製作中心上海，就有幾十家製片公司出現運轉、表現出絕對的市場化的商業投機性。原因很簡單，當時的電影，「不僅是一門綜合藝術，還是一個文化產業。它要靠票房的贏餘，靠資金的回籠，才有再生產的條件，否則電影公司只好關門大吉」[2]。我把 1932 年左翼電影出現之前的國產電影統稱為舊市民電影，以區別於在 1933 年出現的新市民電影[3]。

1930 年 8 月，控制中國北方電影放映和發行行業的華北電影有限公司老闆羅明佑，與以製片見長的民新影片公司掌門黎民偉，合併了當時陷入危機的大中華百合影片公司，同時聯合在上海經營印刷業的黃漪磋，組成「聯華影業製片印刷有限公司」[4] P148，從此，開始了中國電影史上「聯華」公司與天一影片公司、明星影片公司在 1930 年代（至 1937 年 7 月為止）基本瓜分中國國產影片製作和放映市場的新時代。

由於「天一」公司歷來注重傳統題材和海外南洋市場，所以在一般觀眾眼裏，有「老舊」的概念，而「聯華」公司和「明星」公司能夠與時俱進，很有「新」氣象。但是，正如「左翼電影」雖然在 1932 年出現並隨即成為電影主流，卻不能因此把 1930 年代的中國電影統稱為左翼電影時代一樣，「聯華」公司在此時期的影片製作也是新舊交錯雜陳。1932 年之前，主導中國電影主流的舊市民電影，並沒有因為時間進入 1930 年代而立刻全面消亡。在我看來，1930 年代初期，新電影譬如左翼電影和新市民電影正處於醞釀胎動時期，而舊市民電影餘焰尚存、風韻依舊，1931 年「聯華」公司出品的《銀漢雙星》就是這樣的證明。

《銀漢雙星》截圖之五、六

乙、1930 年代電影的時期劃分和《銀漢雙星》所處的時空形態

在我的表述體系中，所謂 1930 年代的中國電影，時間上局限在從 1930 年到 1937 年 7 月 7 日，日本發動全面侵華戰爭的「七・七」事變這一時期；在此之後的 1938 年和 1939 年不在這個時間段內，而是歸入到「抗戰電影」時期，即 1937 年 7 月至 1945 年 8 月日本投降爲止——這是中國的現代史上，中華民族反抗異族侵略的全民聖戰的特殊歷史階段。抗日戰爭對中華民族與中國的影響巨大，損失亦非常慘重，它在政治、社會、文化、歷史、經濟諸多領域和層面的影響與損害——當然包括電影——自不待言。

1930 年代中國電影，我又把它劃爲 1930～1931 年、1932～1937 年 7 月兩個階段，在第二個階段裏，由於新電影類型迭出，是所謂一百年來中國電影的高峰所在，現存的影片數量也相對最多，因此，每一年又可以自成一個單元。因此，1931 年的《銀漢雙星》處在 1930 年代中國電影發展的第一個階段內。我把 1932 年之前、尤其是 1920 年代的中國電影稱之爲舊市民電影，因爲它在整體上屬於舊文藝、舊文化範疇。

《銀漢雙星》截圖之七、八

在 1912～1922 年這十幾年間，舊市民電影基本上是「鴛鴦蝴蝶派」和「禮拜六派」的電子影像版。這兩者都是「清末民初專寫才子佳人題材的文學派別，所謂『卅六鴛鴦同命鳥，一雙蝴蝶可憐蟲』據說是他們常用的詞語，故被用來命名。《禮拜六》是 1914 年開始辦的一種娛樂消閒周刊，……兩者合在一起，很能代表這一類文學以言情小說爲骨幹，情調和風格偏於世俗、媚俗的總體特徵」[5] P91。1920 年代中後期，舊市民電影又依附於新興的現代通俗小說和武俠小說，進而用膠片表述、分享和傳播其極具舊傳統色彩的審美

情趣。舊市民電影和已經取得主流文化地位的新文學和知識分子階層相對隔膜，不乏迂腐的道德說教、陳舊的思想觀念和意識形態，但卻擁有廣大下層民眾和絕對的電影消費市場份額[6]。

　　然而，隨著外國電影尤其是美國電影的大量進入和電影從業人員中，買辦商人、留學生比重的增加，1920 年代中後期的舊市民電影，積極嘗試將新觀念和新意識帶入到電影製作當中，電影語言也在迅速成熟。也就是說，它從原來純粹的舊文藝或者舊文學的電子影像無聲版，開始向發展出自己的表現風格和話語系統努力。這個逐漸建立、完善的過程，在整個 1920 年代都在持續、而在 1920 年代晚期達到高潮。從這個意義上說，舊市民電影是 1930 年代中國電影走向高峰、與新文學比肩、進而與世界文藝同步接軌的一個積累期和準備期。

　　在現存最早、公眾可以見識的影片《勞工的愛情》（又名《擲果緣》，明星影片公司 1922 年出品）中，可以發現，編導的電影自覺意識還沒有完全形成，具體表現就是機位固定呆板，舞臺戲劇痕迹濃重，表演和鏡頭都不到位。倘若再從現存的、公眾可以看到的《一串珍珠》（長城畫片公司 1925 年出品）、《海角詩人》（民新影片公司 1927 年出品）、《西廂記》（民新影片公司 1927 年出品）、《情海重吻》（大中華百合影片公司 1928 年出品）、《雪中孤雛》（華劇影片公司 1929 年出品）、《兒子英雄》（長城畫片公司 1929 年出品）和《紅俠》（友聯影片公司 1929 年出品）等影片一路看來，就可以發現，中國此一時期電影的自覺意識已然在逐漸萌生並漸次增強。

《銀漢雙星》截圖之九、十

丙、《銀漢雙星》：新景觀下的舊本質

　　《銀漢雙星》由「聯華」公司掌門之一的羅明祐監製、「聯華」大牌導演

之一的史東山導演。兩人身後的製作陣容甚是整齊，譬如，原著作者是當時人氣最旺的通俗小說大家張恨水老師，攝影、製片、布景和編劇都是在 1920 年代就出道的老前輩；就是客串的演員，也是了得，除了 1920 年代就已成名的「老」明星湯天繡外，還有後來的名導演王次龍、孫瑜、蔡楚生等，更有當時還沒成名但轉年就要成為超級巨星的金焰、黎莉莉和王人美。新舊錯列、老將壓陣——形式與內容等同。

子、新景觀：電影語言的自覺性和新技術的應用

所謂電影語言的自覺性具體表現在，第一，一些電影特技的運用已經相當成熟，譬如影片一開始的疊化，這個在以前的電影製作中要麼用的得很硬，要麼用得很少；第二，細節的強調和寓意，電影語言和文學語言不一樣的地方，就是它可以運用影像的長處，譬如男女主人公情感的接近和有那份愛戀的心理，《銀漢雙星》用了兩個球滾到一個洞裏面的手法，雖然刻意但非常到位；第三，是它的表演，男主人公承受痛苦婚姻時的感受，面部表情的細膩變化和以前的表演有很大進步，在以前的影片當中，你會發現人物的面部表情要麼失於誇張過度、要麼比較僵硬；第四，閃回手法的使用已經融入敘事，比較流暢，不顯得生硬了，譬如男主人公在痛苦中想起母親對他的教誨，非常自然，相形之下，在《一串珍珠》中四次閃回的使用，在敘述流程中多少有些停頓的感覺，這可能跟進入 1930 年代以後電影觀眾的觀影心理得到進一步的培育有關；第五，在情節發展和設置中，《銀漢雙星》使用了一種電影裏面套電影、即戲中戲的敘事技巧，手法講究，這在當時是比較新穎的表現方式。而「聯華」公司在同一年拍攝的相同題材的《桃花泣血記》，就顯得平鋪直敘。

《銀漢雙星》截圖之十一、十二

　　一本中國電影史著作以不無褒貶的語氣提到，《銀漢雙星》「在布景、服裝、裝飾等方面都更大程度地渲染了唯美主義的花色」[7] P154。如果將「唯美主義的花色」非要當作褒義來理解的話，那麼，《銀漢雙星》不愧是大牌導演史東山傑出的手筆，因爲評論者注意到了影片藝術性在形式美方面的追求。也許，對於今天看慣了彩色電影或畫質更好的數字電影的觀眾來說，《銀漢雙星》的花團錦簇不過是交錯一片的黑白色調，但考慮到當時的技術和製作條件，應該說，這是美工出身的導演史東山匠心獨具、用功最多、而後輩學徒絕對不可以忽略的地方。譬如眾多俊男靚女在小高爾夫球場那場戲，構圖講究，景深層次分明，人物繁多卻調度得法，尤其是兩女爭風一節，拍得搖曳多姿、香豔可人〔註1〕。

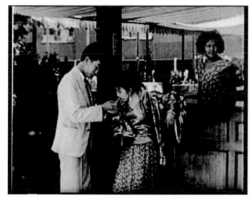

《銀漢雙星》截圖之十三、十四

　　1930年，「聯華」公司最早使用蠟盤發音技術爲影片《野草閒花》配了《尋兄辭》的插曲，這是中國第一支電影歌曲[8] P162。相對於片上發音，蠟盤發音成本低廉、製作簡單，是當時國外已經淘汰的技術，出於專利和成本的考慮，當時的國產影片只能出此下策。1931年，明星影片公司和友聯影片

〔註1〕《銀漢雙星》是史東山（1902～1955）現在可以看到的1930年代的代表作之一，也是他隨大中華百合影片公司一起加入「聯華」公司後的創作體現。史東山是講述中國電影歷史時繞不過去的重要人物：1921年他19歲即加入上海影戲公司，從美工、演員做起，1920年代專攻武俠片和言情戲，1930年代代表作還有《奮鬥》（1932）、《女人》（1934）、《人之初》（1935）、《長恨歌》（1936）、《青年進行曲》（1937）等；抗戰時期代表作有《保衛我們的土地》（1938）和《勝利進行曲》（1940）；1940年代著名電影《八千里路雲和月》（1947）就是他的又一重要貢獻；1950年代，他又以《新兒女英雄傳》（與呂班聯合導演，北京電影製片廠1951年出品）爲大陸中國電影留下一座里程碑。

公司分別出品了中國第一批用臘盤發音的有聲故事片《歌女紅牡丹》和《虞美人》；「聯華」公司則在《銀漢雙星》中，用臘盤收音的方式穿插了一些音樂和歌唱[9] P161~162。雖然，現在看到的這個 VCD 版本沒有聽到任何音響，成了一個純粹的無聲片，但「聯華」公司對它的厚愛卻是可以理解的：那就是力圖給《銀漢雙星》添加更多的時代氣息和現代電影新元素以迎合市場需求。

丑、舊本質之一：題材與戲劇衝突的設置

但《銀漢雙星》在題材和思想上，則繼承和發揚了 1920 年代舊市民電影的陳舊性或曰滯後性，依然是才子佳人套路、帥哥靚女一見鍾情、最後恨恨而別的模式。（這個套路和模式本身不應該受到非議和指責，事實上，「陽光之下無新事」，許多人引以為豪的著名影片，譬如 1930 年代的許多左翼電影也是這般手段）。只不過，《銀漢雙星》中的才子不是傳統意義上的書生，譬如《西廂記》那樣只會寫毛筆字、寫八行書的秀才，而是有著新型職業的才子──電影明星；《銀漢雙星》中的佳人也不是深藏閨中像崔鶯鶯那樣宅起來的古典美人，而是有相當知識水準的現代女性，譬如女主人公李月英既會彈鋼琴、唱歌劇、演電影、跳肚皮舞，還會打高爾夫──雖然是迷你高爾夫球。

就表現形式或戲劇衝突的設置而言，《銀漢雙星》也是了無新意。一個漂亮男人（當然是好男人）和一個漂亮女人（當然更是好女人）一見鍾情、立墮情網，他倆是天合一對、地做一雙。但好事就要多磨，一個壞女人（當然也是美女），蠻不講理半路上出來製造麻煩，但最重要的是這個男生終究沒有和那個女生地老天荒，因為他家裏已經給他包辦了一個老婆。

《銀漢雙星》截圖之十五、十六

　　故事舊則舊矣，但《銀漢雙星》的確反映了當時社會上一個比較普遍的婚姻現象，用當時的專業名稱來說就是「兩頭大」：在家裏頭父母包辦，已經給他娶了一房媳婦；當他以後走向社會，又尋找或遭遇到了自己的眞愛。那怎麼辦呢？最好兩頭都不耽誤。但影片中交代得很清楚，男主人公如果休了媳婦，那麼，那個可憐的女人就只有死路一條。這是萬萬不可行的，因爲經歷了新時代的洗禮的知識青年有一個最起碼的人性覺悟，就是人道主義。人道主義是指什麼呢？是指無論如何，包辦婚姻中的那個不幸者，你叫做封建禮教的犧牲品也好，叫做愚昧社會的祭祀品也好，她終究是一個人；而人命關天〔註2〕。

　　《銀漢雙星》裏，男主人公對感情的處理與其說表達了他個人的困惑，倒不如說是表達了對困惑的否定：最終讓男主人公回歸家庭，而女主人公則獨自吞下苦果；影片讓這個故事以道德的圓滿而不是愛情的圓滿作結。然而這樣的表述，這樣的困惑，已經是非常陳舊的了。因爲在它之前，1920年代的新文學作品已經對此大量涉及和嚴厲批判；而在 1930 年代，中國社會更重大的問題——中日關係和國內階級矛盾已經成爲新的電影主題和表現對象。

〔註 2〕你不能用現在娶二房或者包二奶來解釋這種境況，因爲當時的社會背景、法律法規、時代風俗與今不盡相同，而且這裡有個操作上的細節不能繞過去。這種兩頭大的現象在 1920～1930 年代的中國非常普遍，譬如眾所周知，魯迅、郁達夫、茅盾、胡適，都是類似的家庭婚姻現象。首先，他們都是父親早逝（包括後來的老舍），孤兒寡母的單親家庭結構；第二，就是他們的母親都給他們娶了一個媳婦；第三，他們都不愛這女子。大家比較熟悉的就是魯迅的一句名言，別人問他你娶媳婦了？他說不，是我母親娶媳婦；還說，這是母親送給我的一件禮物，我要好好供奉她。爲什麼不離婚？因爲如果那女的被休了，就只有一條（死）路可走。對於這些飽受東西方文明薰陶的有識之士來說，這樣的事情是萬萬做不出來的。
　　　和魯迅這種一根筋的老舊保守做法不同，別的社會賢達，譬如同樣是新文化代表人物之一的胡適就用新人新辦法、老人老辦法的策略化解這難題。胡博士除了和結髮妻子江東秀終身廝守、恩愛　生外，還和他婚禮上結識的伴娘曹佩聲保持著幾十年的美好愛情（胡適死後，蔣介石送輓聯高度評價曰：「新文化中舊道德的楷模，舊倫理中新思想的師表」[11] P186。普通人家一夫一妻的婚姻似乎更多的是受經濟條件的制約，和道德沒有什麼必然聯繫，有錢人家更是如此，譬如 1940 年代的文化界名流唐瑜回憶說，他在汕頭和香港兩地事業有成的堂叔，就擁有二奶、三奶、五奶、六奶——這還不包括前後兩任四奶 [12] P220——並且相安無事、和平共處。

《銀漢雙星》截圖之十七、十八

寅、舊本質之二：拖沓的表達和相應的審美趣味

《銀漢雙星》著力刻畫和表現男女主人公處在情感中的困境或者情感中的困惑，而這種困惑，或者說對這種困惑的表現和處理方式充滿著舊市民電影的趣味。換言之，它既沒有當時知識分子對這一問題理性分析和決然選擇，也沒有後來左翼電影對這個問題的革命化的處理。影片的趣味性、指向性，都停留在市民階層及其相應的舊文藝審美階段，並且約定成「俗」（請理解我這樣改造成語）。

《銀漢雙星》截圖之十九、二十

與這樣的局限相對應的，是情節的拖沓——這樣的電影表述，譬如男女主人公一見鍾情的搖來擺去、拖泥帶水，這麼一個場景的處理，用了那麼長的篇幅，已經落後於時代的審美需求，對當時的以青年學生為主體的新觀眾群體而言是不能容忍的。《銀漢雙星》體現的這種男女情感的緩慢節奏，和舊文藝尤其是通俗小說所營造的情感氛圍有關，更和傳統社會和傳統審美趣味

非常合拍。在傳統的社會當中，異性在公眾場合獲取他所中意對象的性信息非常之少，相應的信息傳達也相對困難，因此就不得不增加敘述篇幅，進而導致節奏緩慢。

《銀漢雙星》截圖之二十一、二十二

　　換言之，《銀漢雙星》中拖沓的情節發展、非常緩慢地釋放性信息的節奏，只適合於傳統社會和相對穩定的社會現實環境，但 1930 年代初期的中國正是多事之秋，國際國內環境日趨緊張。但在《銀漢雙星》中，舊市民電影對豔俗的歌舞尤其是女性軀體和線條的傳統性偏愛場景，依舊佔據很大篇幅，雖然好看但多少游離於主題，譬如團體舞蹈和埃及肚皮舞等。

　　因此，就審美角度而言，《銀漢雙星》的這些舊市民電影的特色和場景可能更適合市民階層的品位，但是絕不能滿足青年觀眾、尤其是青年知識分子的口味。不要忘記，1930 年代初期，隨著左翼文學的興起，青年觀眾、尤其是青年知識分子已經成為電影觀眾群體的主要構成部分，而電影已經從不登大雅之堂的低端文化消費走向藝術殿堂，進入知識階層所認可的、尤其是知識青年關注、拉動的一個現代藝術消費〔註3〕；同時，1930 年代整個社會形勢

〔註3〕舊市民電影興盛時期的 1920 年代，具有相當社會身份的人士一般都熱衷於看戲，但對魯迅這樣的頂級學者和中下級政府官員（教育部僉事）似乎有點例外。譬如魯迅從 1912 年 5 月到 1926 年 8 月，在北京生活工作了十幾年，但自始至終不喜歡、不接受京劇藝術。另一方面，據說，他「從 1926 年 12 月，到他逝世前不久的 1936 為止，10 年中，總共看了 81 部半電影（所謂半部者，是指他於 1931 年 11 月 13 日和許廣平等人在國民大戲院看《銀谷飛仙》，因覺內容不佳，中途退出）。從他日記裏記有片名的 64 部影片中查核，只有一部是中國影片，即徐欣夫導演、胡蝶等主演的《美人心》（明星影片公司 1934 年出品——引者注）；其餘的全是外國影片」[13]。

已經發生重大變化，對於國產電影市場而言，新的政治、思想和文化運動風起雲湧，又直接決定和左右著電影生產和票房指數。

《銀漢雙星》截圖之二十三、二十四

丁、多餘的話

子、在 1931 年，美國的有聲電影技術已經進入中國但造價昂貴，「聯華」公司上層不肯過多投入資金，但為了增加影片的號召力，就給一些影片使用了效果欠佳但相對低廉的臘盤發音做為試驗，《銀漢雙星》就是其中之一。當年，演員王人美在電影院看這個片子的時候還是有聲的，雖然口型和聲音對不上[10] P86～87。

《銀漢雙星》截圖之二十五、二十六

丑、1933 年，是左翼電影中國電影史上的高產之年，1931 年和 1932 年則是一個由舊市民電影向左翼電影蛻變、過度的年代，其主題和架構還是舊的套路，譬如有一個很庸俗的，或者說很永恆的一個愛情主題；還糾纏於男女情感，

家長里短；它在可能的情況下，加進了一些新的理念、手法和技術。雖然我把《銀漢雙星》歸置於舊市民電影序列，雖然它也不是中國電影的經典之作，但不能否認，導演史東山在藝術創作中表露出的個性才華和對作品的眞情演繹，因此，它還是值得一看的。我不知道自己是不是已經變得很老了，因爲，我常常沉溺在那些黑白影像老舊的音容笑貌和衣香鬢影中不可自拔〔註4〕。

《銀漢雙星》截圖之二十七、二十八

初稿時間：2004 年 3 月 24 日
初稿錄人：饒頤璐
二稿改定：2007 年 1 月 27 日
三稿改定：2007 年 12 月 3 日
四稿修訂：2014 年 2 月 21 日

參考文獻

〔1〕程季華，中國電影發展史：第 1 卷〔M〕，北京：中國電影出版社，1963。
〔2〕范伯群，「電戲」的最初輸入與中國早期影壇——爲中國電影百年紀念而作〔J〕，江蘇大學學報（社會科學版），2005（5）：1～7。

〔註 4〕本章在收入《黑白膠片的文化時態——1922～1936 年中國早期電影現存文本讀解》之前被刪除了注釋〔註2〕中的黑體字部分，以及〔註3〕，現予以恢復。此次收入本書時，專業鏈接 2：和專業鏈接 3：爲新增添部分；閱讀指要：是成書版和投稿版（未獲發表）合併後的面貌。特此申明。

〔3〕袁慶豐，雅、俗文化互滲背景下的《姊妹花》〔J〕， 當代電影，2008（5）：88～90。

〔4〕程季華，中國電影發展史：第 1 卷〔M〕，北京：中國電影出版社，1963。

〔5〕錢理群，溫儒敏，吳福輝，中國現代文學三十年（修訂本）〔M〕，北京：北京大學出版社，1998。

〔6〕袁慶豐，20 世紀 20 年代中國電影文化生態的低俗性及其實證讀解〔J〕，杭州師範大學學報，2009（4）：51～55。

〔7〕程季華，中國電影發展史：第 1 卷〔M〕，北京：中國電影出版社，1963。

〔8〕程季華，中國電影發展史：第 1 卷〔M〕，北京：中國電影出版社，1963。

〔9〕程季華，中國電影發展史：第 1 卷〔M〕，北京：中國電影出版社，1963。

〔10〕王人美，我的成名與不幸──王人美回憶錄〔M〕，解波整理，北京：團結出版社，2007。

〔11〕郭宛，靈與肉之間──胡適的情愛苦旅〔M〕，成都：四川文藝出版社，1995。

〔12〕唐瑜，二流堂紀事〔M〕，北京：生活·讀書·新知三聯書店，2005。

〔13〕魯迅看電影：http：//bbs.btbbt.com/thread-1147750-1-1.html。

第拾肆章　舊市民電影最後的輝煌——以明星影片公司 1931 年出品的《銀幕豔史》爲例

閱讀指要：

　　舊市民電影是 1930 年代初期以左翼電影為代表的新電影出現之前中國電影主流的唯一代表，其文化傳統性、道德教化性、低端娛樂性，以及社會批判立場的保守性等方面的特徵和體現，使得它在成為鴛鴦蝴蝶派文學電子影像版的同時，又是後來一切新電影形態生發和各自前行的基礎。大陸前兩年才向民眾公映的《銀幕豔史》再一次證明，明星影片公司 1931 年出品的這部無聲片是舊市民電影行列中的又一個新證據。

關鍵詞：舊市民電影；新市民電影；左翼電影；新民族主義電影；

《銀幕豔史》截圖之一、二

專業鏈接 1：《銀幕豔史》，（故事片，黑白，有聲），明星影片公司 1931 年出品。DVD 視頻（殘片）時長：51 分鐘 10 秒。

>>> 導演：程步高；說明：鄭正秋；攝影：董克毅。

>>> 主演：宣景琳（飾演女星王鳳珍）、王徵信（飾演王鳳珍情夫方少梅）、夏佩珍（飾演舞女、方少梅的小三）、蕭英（飾演王導演）、王吉亭（飾演副導演）、謝雲卿（飾演片場混混）、龔稼農（飾演正派男主角）、梁賽珍（飾演配戲女角甲）、嚴月嫻（飾演配戲女角乙）、王獻齋（飾演反派男主角）。

專業鏈接 2：原片片頭演職員表字幕（殘缺）：

演員表：		CAST	
王鳳珍 ……	宣景林	Wang Vong Tsen …………	Sie King-Ling
舞 女 ……	夏佩珍	Lily a dancing girl ………	Shaw Bea-Tsen
方少梅 ……	王徵信	Fang Shao Mei ………	Wang Tsen-sing
王導演 ……	蕭 英	Mr. Wang chief director …	Shao Ving
副導演 ……	王吉亭	His assistant …………	Wang Chin-ding
白相人 ……	謝雲卿	A rascal ………………	Zia Yun-ching
男 角 ……	龔稼農	The male star …………	Kong Kai-noon
女角甲	梁賽珍	The leading ladyes ………	Liang Sa-tse
乙 ……	嚴月嫻		Yang Yoo-yea
丙 ……	王意曼		Wang Yee-mei 〔註1〕

〔註 1〕 據《中國電影發展史》（程季華主編，中國電影出版社 1963 年版）第一卷《影片目錄》（第 538 頁）載，《銀幕豔史》有前、後集，「演職員表」如次：導演：

江導演 ……譚志遠
反派男角 … 王獻齋
木　匠 ……湯　傑
看門甲 …… 黃君甫
　　乙 …… 顧友敏
朱　媽 …… 朱秀英
場　記 …… 葉良德

程步高；說明：鄭正秋；攝影：董克毅；主要演員：宣景琳、譚志遠、王徵信、蕭英、高倩蘋、梁賽珍。根據中國電影資料館的這部館藏《銀幕豔史》殘存的演職員表判斷，此爲後集（即下集）。

專業鏈接 3：影片鏡頭統計

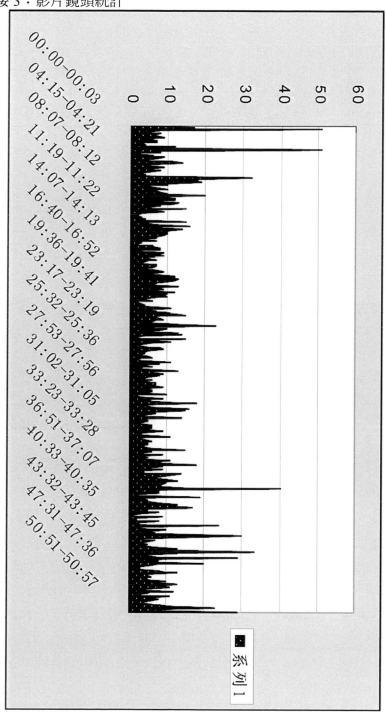

說明：現存殘篇時長 51 分 10 秒，共 437 個鏡頭。其中：

甲、小於和等於 5 秒的鏡頭 208 個，大於 5 秒、小於和等於 10 秒的鏡頭 153 個，大於 10 秒、小於和等於 15 秒的鏡頭 50 個，大於 15 秒、小於和等於 20 秒的鏡頭 14 個，大於 20 秒、小於和等於 25 秒的鏡頭 3 個，大於 25 秒、小於和等於 30 秒的鏡頭 3 個，大於 30 秒、小於和等於 35 秒的鏡頭 2 個，大於 35 秒、小於和等於 40 秒的鏡頭 1 個，大於 40 秒、小於和等於 50 秒的鏡頭 0 個，大於 50 秒、小於和等於 55 秒的鏡頭 2 個，大於 55 秒的鏡頭 0 個。

乙、片頭字幕鏡頭 1 個（中國電影製片廠資料影片），字幕鏡頭 144 個，其中，交代劇情的鏡頭 3 個，演職員表鏡頭 1 個，對話鏡頭 139 個。

丙、固定鏡頭 282 個；運動鏡頭 7 個。

丁、遠景鏡頭 26 個，全景鏡頭 23 個，中景鏡頭 157 個，近景鏡頭 67 個，特寫鏡頭 9 個。

（圖表製作與數據統計：喬潔瓊；核實：李棗雄、朱洋洋）

專業鏈接 4：現今影片觀賞指數（個人推薦）：★☆☆☆☆

《銀幕豔史》截圖之三、四

甲、前面的話

2012 年 5 月 2 日，北京的中國電影資料館公映了明星影片公司 1931 年出品的《銀幕豔史》殘片修復版。根據現場放映的時間記錄，殘片時長大約 52 分鐘左右。這是《銀幕豔史》殘片修復後的第二次公映，上一次據說是兩年前。這種舊片新放的情況並不常見，因為，根據供職於中國電影資料館和中國電影藝術研究中心的專業研究者揭發，「現在我們能夠看到的 1949 年以前的中國電影只有二百多部。……中國電影資料館現存的 1949 年前的中國電影應該在 380～390 部左右。也就是說，加上殘缺不全的和不能放映的，至少還有 100 部以上的電影可以挖掘」[1]，因此他們呼籲「資料開放，資源共享！」[2]。

　　1934 年，也就是《銀幕艷史》出品 3 年後，導演程步高在總結自己幾年
來導演的影片時，雖然列出了這部影片的片目，但並沒有特別提及，只是總
括性地認爲這些「奮鬥的結果，差堪自慰」[3]。1936 年，凌鶴在《世界名導演
評傳（中國之部）》一文中提到程步高時有如下評論：「他……導演了武俠片
的《小英雄劉進》，舊觀念之倫理片的《倡門賢母》，趣時爲中心的《銀幕艷
史》，以及偵探片的《窗上人影》等等。這除了說明他沒有嚴整的作風外，便
是正義感的程步高，在製片以賣錢爲中心的環境之下，也不能潔身自好的不
免同流合污了」[4]。也就是說，當時的評論者對追求趣味的《銀幕艷史》，給
了個惡評。

　　與此相關的是 20 年後，影片的女主演宣景琳在回顧自己的「銀幕生活」
時也沒有談及這個片子[5]。這至少說明，這種追求趣味的片子一是很多，二
是並無特別之處——否則的話，至少編導或者演員一定要特別地說上一句。
1960 年代初期，代表著大陸早期中國電影研究集大成者的集體著述《中國電
影發展史》也對這個片子一字不提，只在《片目索引》中列名﹝註2﹞。迄今爲
止，對《銀幕艷史》予以專門的個案探討並將其視爲觀照 1905～1937 年中國
早期電影切入角度的最新研究成果，只有紐約大學的張眞博士，但她強調影

﹝註 2﹞ 參見《中國電影發展史・影片目錄》，程季華主編，中國電影出版社 1963 年
　　　　版。

片的「記錄」性，以及「從女演員的銀幕形象和影迷文化所體現出來的兩者之間的關係」〔註3〕。

幾十年來大陸對早期中國電影（或曰民國電影）的研究都承認，1930年代初期的中國電影有新、舊之別，新電影又被稱爲「新興電影」（運動）或「新生電影（運動）」[6] P57 [7] P41 [8] P51 [9] P145──前一個稱謂，其實是 1930年代電影評論者就已經使用的提法[10]──新電影只有左翼電影〔註4〕。在我看來，新電影實際上還包括新市民電影和新民族主義電影。新電影出現之前的中國電影，過去只是很籠統地視爲舊電影，舊的根本原因是沒有黨對電影的指導。我的意見是，新電影出現之前的中國電影，具體地說，1932 年左翼電影出現之前的電影都是舊市民電影；那麼，出品於 1931 年的《銀幕豔史》，不過是早期中國電影史上盛行一時的舊市民電影的又一例證而已〔註5〕。證據雖「新」，主題依「舊」。

《銀幕豔史》截圖之五、六

〔註3〕參見張眞：《〈銀幕豔史〉──女明星作爲中國早期電影文化的現代性體現》，載《上海大學學報（社會科學版）》2006 年第 1 期，第 61～70 頁。張眞博士出席了 2012 年 5 月 2 日的公映並做了即席發言，同時推薦了她的新書《銀幕豔史──都市文化與上海電影（1896～1937）》（沙丹、高曉蘭、高丹譯，上海書店出版社 2012 年 5 月版）。

〔註4〕參見《中國電影發展史》，程季華主編，中國電影出版社 1963 年版，第 183頁。

〔註5〕在對中國早期電影的研究中，左翼電影、國防電影是史有定論的，但舊市民電影和新市民電影這兩個概念，以及本書提及的新民族主義電影，只有我一個人在提出和論證。前幾年，我曾經將聯華影業公司 1936 年出品的有聲片《浪淘沙》定性爲自成一體的「新浪潮電影」，（見拙作：《新浪潮──1930 年代中國電影的歷史性閃存──〈浪淘沙〉：電影現代性的高端版本和反主旋律的批判立場》，載《南京藝術學院學報》（音樂與表演版）2009 年第 1 期）。現在看來，這種劃分有誤，《浪淘沙》應被視爲左翼-國防電影。對此觀點予以修正的文章我已經寫好了兩篇，但迄今尚無機會發表，敬請等待。

乙、舊市民電影的幾個主要特徵

子、傳統性

所謂傳統性，指的是舊市民電影所依賴、取用的文化資源，包括其依託的文學資源和人才資源，都來自於和新文學相對的舊文化、舊文學範疇，以及「鴛鴦蝴蝶派」和「禮拜六派」的文人圈子。眾所周知，1910 年代，中國文學就有了新、舊之分，前者以魯迅爲代表，（大陸稱之爲現代文學），後者以通俗小說、言情小說，包括武俠小說爲代表，讀者或受眾主要是城市的中下層市民。

新文學的出現，事實上是中國精英階層的知識分子發起的一場文化和文學革命性運動的結果〔註6〕。在新文學初期，新、舊文學是對立著的，到了 1930 年代，新舊文學已經從 1920 年代的雅、俗「互滲」，進化爲雅、俗共流〔註7〕。

因此，和舊文學、舊文化處在同一歷史時間和時代背景下的中國早期電影，不可能脫離當時的時代背景，譬如 1932 年之前的中國電影，無論改變還是新編，基本上源自言情小說以及武俠小說這樣的舊小說路數，基本沒有新文學作品思想的採納、加入。又譬如 1920 年代有代表性的電影編導，基本是由舊文化人來充當和組成，張石川和鄭正秋是最典型的例子。前者是演文明戲、寫文明戲戲評出身，屬於最傳統的所謂舊式文人群體，後者是上海灘的一個洋買辦，電影沒看過幾個，但對舊戲並不陌生[11]。所以他們編導的影片，自然不出舊文學和舊文化的套路。說得再直白一點，直到 1932 年新電影出現之前，中國電影之所以是舊市民電影，就是因爲它是面向中下層市民的，其製作、生產和銷售對象決定了它所謂的傳統性。

〔註 6〕其核心理念就是認爲新的、尤其是西方的東西都是好的和正確的；新文學的每一個門類實際上都是在繼承和吸收西方現代文學的基礎上發展起來的。譬如新文學的短篇小說直接沿襲使用西方短篇小說的理念、範式，而所謂的新詩，與中國傳統的古典詩歌截然不同，以前的格律詩也叫舊體詩，不是誰都能寫的，新詩的行數尤其是平仄完全沒有嚴格要求。再譬如話劇，也與中國傳統的戲曲截然不同，整個話劇它可以不唱，從頭說到尾，從頭演到尾，中國的戲曲不唱行嗎？觀眾不答應，演員也活不下去。

〔註 7〕參見錢理群、溫儒敏、吳福輝：《中國現代文學三十年（修訂本）》，北京大學出版社 1996 年版，第 337～338 頁。就是新、舊文學互動借鑒，新文學吸收了舊文學的東西，譬如表現技巧，舊文學也吸收了新文學的東西，譬如思想理念。1940 年代，雅俗共流到了一個新的階段，1930 年代以劉吶歐，穆世英爲代表的老海派，被以張愛玲爲代表的新海派取代——張氏小說帶有非常鮮明的傳統小說特徵，成爲雅俗文學從互滲、互動直至共流的一個有力證據。

《銀幕豔史》截圖之七、八

丑、教化性

對這一點，第一代導演鄭正秋的主張很有代表性，即電影「不可無正當之主義揭示於社會」[12]。看一個片子，總得告訴觀眾一點道理，女生看了以後更淑女，男生看了以後向好男人看齊。而這些恰恰是以往舊文學或者說傳統文化的核心部分，它源自中國傳統文化中的「文以載道」觀念。這一點可能不招新派人士的喜歡，但卻有著廣大的受眾群體。所以舊市民電影往往佔據一個道德制高點，以傳統衛道士的面目出現，勸人向善，絕不能誨淫誨盜，要有社會責任的擔當。

譬如現今能看到的最早的中國電影是 1922 年出品的《勞工之愛情》，有人說它反映了男女的追求愛情的自由戀愛精神，這個推理很滑稽。因為仔細琢磨一下就會發現，兩個街頭小販之所以能夠公開勾搭成婚，關鍵之處是徵得了女方父親的同意，這不是言情小說常見的「父母之命，媒妁之言」的影像版嗎？

1925 年的《一串珍珠》，女主人公現身說法直接告訴觀眾，女人不能好虛榮，否則一害男人二害家庭，所以她和丈夫一起幡然悔悟之後，用辛勤勞動洗刷了自身的恥辱，重新過上了資產階級的幸福生活。1927 年的《西廂記》更是傳統戲曲的黑白影像版：男的風流倜儻，女的自薦枕席——這都是傳統文化尤其是古典文學所津津樂道的東西﹝註8﹞。1928 年的《情海重吻》，女主人公之所以能與男主人公有自由戀愛的可能，關鍵的一點是她雖然名義上是結過婚的人，但依然保持著處子之身。這，又是舊文學和舊文化中最看重的一點。1

﹝註8﹞《西廂記》之所以一直受到讀者/受眾的歡迎，與其說是因為知識分子掌握了男女問題上的話語權的原因，不如說無論作者還是觀眾，無論古典戲曲還是電影，其受眾幾乎全部是由男性構成。

　　1929 年的《兒子英雄》是典型的男權思想體現，丈夫善良卻被虐待，妻子還養了個男小三。1931 年的 3 部影片多有類似：《桃花泣血記》的女主人公不聽父母之言、自由戀愛還未婚先孕，所以被編導安排生下孩子後死掉；《銀漢雙星》中，婚外戀的女主人公被安排消失，和死亡結局異曲同工；《一剪梅》裏的三對青年男女的戀愛關係看似混亂，但結局還是合乎禮法，所以皆大歡喜〔註9〕。

《銀幕豔史》截圖之九、十

寅、娛樂性

　　這幾乎是與鄭正秋對電影教化功能的強調同時產生的，譬如「處處惟興趣是尚，以冀博人一粲」，就是張石川的編導理念名言〔13〕。他的主張並非誤判，因為舊市民電影主要的受眾即觀眾群體是中下層市民，也正因如此，舊市民電影從一開始就體現出低端文化的消費特徵，是「一種市民文藝」〔14〕，我稱之為鴛鴦蝴蝶派和禮拜六派文學的電子影像版。

　　娛樂性最鮮明的特徵包括噱頭、鬧劇、打鬥，還有色情。所謂的噱頭和鬧劇，只要查看一下亞細亞公司 1910 年代拍的那些片目就會明白，什麼《二百五白相城隍廟》、《腳踏車闖禍》、《老少易妻》、《賭徒裝死》〔15〕P519~621 等等。到了 1920 年代末期，舊市民電影的打鬥和色情進入了一個更高的階段，那就是武俠神怪片。現在能看到的、最有代表性的影片就是 1929 年出品的《紅俠》，打鬥和色情更加市場化、庸俗化，也就是低端化〔註10〕。

〔註 9〕對這些影片的具體討論，均請參閱拙作《黑白膠片的文化時態——1922～1936 年中國早期電影現存文本讀解》（2009），以及《黑夜到來之前的中國電影——1937 年現存國產影片文本讀解》（2012）等兩書，其中一些的訂正版已經收入本書，敬請參閱。

〔註10〕對《紅俠》的具體討論請參見本書前一章節。另，請參見拙作《20 世紀 20 年代中國電影文化生態的低俗性及其實證讀解》，載《杭州師範大學學報》2009 年第 4 期，收入《黑夜到來之前的中國電影——1937 年現存國產影片文本讀解》，敬請參閱。

　　譬如 1921～1931 年間出品的 650 部影片，絕大部分出自「鴛蝴派」文人之手，「內容也多爲鴛蝴派文學的翻版」[16] P56。如果說，1920 年代前半期的中國電影主要是婚姻、戀愛主題和題材佔了上風的話，那麼到了下半期即 1920 年代末至 1930 年代初，武俠神怪片成爲絕大部分電影公司的主打作品。1928 年武俠片《火燒紅蓮寺》票房大賣後，武俠神怪片開始流行一時，譬如從 1928 年到 1931 年間出品的約 400 部影片，武俠神怪片就有 250 部，占 60% 還多 [17] P133。舊市民電影的文化低端性和市場消費性由此可見一斑，而這兩種特性，都包含著娛樂性的核心理念。

《銀幕豔史》截圖之十一、十二

卯、保守性

　　這一點與舊市民電影的傳統性相關，在這裡特別用來區別新、舊電影的時代氣質。看看新電影出現之前的電影就不難發現，說這些影片揭露了什麼、又暴露和批判了什麼都沒有問題，但換句話說，它又秉承了、傳達了、貫徹了、維護了什麼？當然是社會的主流價值。也許它們講了一堆雜七雜八的事或者各種各樣的故事，但是主流價值觀念是堅持了的、不動搖的。

　　也就是說，舊市民電影在意識形態和社會批判兩方面都持保守立場。這一點被 1930 年代初期出現的、新電影中的新市民電影所繼承。所謂保守和堅持主流價值都是相對而言的，因此你會發現，作爲新電影，左翼電影最大的特點就是顛覆當時的主流價值觀念。譬如宣傳抗日救國、鼓吹階級鬥爭、倡導暴力革命——處處和政府唱反調。

　　有意思的是，左翼電影在將舊市民電影當中的個體性暴力打鬥提升和演化爲集體暴力和階級暴力的同時，在繼承舊市民電影中的噱頭、鬧劇和情色元素的同時，又將最後一點發揚光大——左翼影星王人美和黎莉莉的裸露程

度不知勝過當年幾何。相反，同爲新電影的新市民電影在繼承舊市民電影保守性即承認和維護社會主流價值觀念的同時，以裸露爲代表的情色卻得到了最大程度的克制。

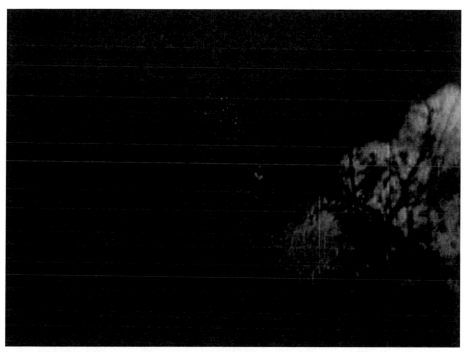

王人美的在左翼電影《小玩意》（孫瑜編導，聯華影業公司 1932 年出品）中的性感造型。

這是因爲，舊市民電影和新市民電影對女性的身體消費集中於臉部，呈現出城市性和時尚性，左翼電影熱衷聚焦於胴體，表現出階級性和政治性——與其說舊市民電影和新市民電影中的女星在身材上不佔優勢，不如說情色元素被有意識地剔除了意識形態的審美判斷。

辰、藝術表現形式和社會批判

絕大部分舊市民電影都願意以大團圓的喜劇方式結束全片，這個道理很簡單，既然要維護社會主流價值觀念，那麼在對待社會問題上雖然有所批判，但總體上是保守的、出於維穩考慮的。譬如《勞工之愛情》是鬧劇加喜劇，《一串珍珠》是悲喜劇，《兒子英雄》、《西廂記》、《海角詩人》、《一剪梅》也都是如此。之所以特別提到這一點，是因爲在左翼電影那裡，你會發現和以往電影全然不同的結局表現。

黎莉莉的在左翼電影《火山情血》（孫瑜編導，聯華影業公司 1932 年出品）
中的性感造型。

　　譬如無聲片時代的左翼經典《神女》（1934），以及有聲片時代的左翼經
典《桃李劫》（1934）、《風雲兒女》（1935）。看完《神女》，讓人感覺社會的
黑暗從根本上窒息人性，《風雲兒女》讓人熱血沸騰拍案而起，「爲民主爭自
由，爲國家爭疆土」；年輕人對《桃李劫》的感受可能更深刻一些：這鳥社會，
好人不得好報，壞人好生逍遙，這社會合理嗎？

　　舊市民電影很難讓觀眾對整個社會的現存狀態尤其是存在根基發生根本
性地懷疑，新市民電影則承繼了這個傳統。譬如 1936 年的《新舊上海》，蝸
居在弄堂裏的六戶人家，家家都不容易，人人都有生存壓力：兒子偷東西了，
舞女沒工作了，教書的被欠薪，高管下崗，待在家裏和太太爲錢掐架⋯⋯。
但最後呢？工廠一復工，生活回歸正軌，大家依舊高高興興、開開心心。1937
年的《十字街頭》和《馬路天使》也都是如此，無論是畢業後淪爲蟻族的大
學生，還是本身就是蟻族的小市民，無論死亡還是惡勢力都不能阻擋他們最
終獲得愛情的美好未來，特別地主旋律〔註11〕。

─────────────────

〔註11〕對這些影片的具體討論，均請參閱拙作《黑白膠片的文化時態——1922～

《銀幕豔史》截圖之十三、十四

巳、總括與結語

舊市民電影的主題和題材絕大部分局限於婚姻、戀愛、家庭，新文化、新文學作品當中新的理念、新的人物，幾乎沒有被採納、引進。如前所述，1920 年代的雅、俗文學也就是新、舊文學正在整體上處於由對立向互滲的轉進過程中，舊市民電影即使對新理念和新人物有所吸收，也是局部的，（譬如1932 年的《南國之春》〔註 12〕），並不能從整體上改變此時期中國電影的歷史面貌。

《銀幕豔史》截圖之十五、十六

所以，就現有的文本而言，舊市民電影基本上可以涵蓋從 1910 年代到1930 年代初期新電影出現之前中國早期電影的所有特徵。凡是屬於 1905到 1931 年這個時段的任何一部中國電影，無論是壓在倉庫裏秘不示人的，還是成爲漏網之魚流佈於市面的，都只能是舊市民電影，而不能是其他。

1936 年中國早期電影現存文本讀解》（2009），以及《黑夜到來之前的中國電影——1937 年現存國產影片文本讀解》（2012）等兩書，其中一些的訂正版已經收入本書，敬請參閱。

〔註 12〕　對這些影片的具體討論，均請參閱拙作《黑白膠片的文化時態——1922～1936年中國早期電影現存文本讀解》（2009），以及《黑夜到來之前的中國電影——1937 年現存國產影片文本讀解》（2012）等兩書，其中一些的訂正版已經收入本書，敬請參閱。

換言之，這一時期中國電影的主流面貌就是舊市民電影。

丙、《銀幕豔史》的舊市民電影特徵體現

子、傳統性的體現

表面上看，《銀幕豔史》對女明星的演藝生涯津津樂道，但剝離表象，支撐影片主題思想的核心，還是婚姻與戀愛問題——女主人公雖然是二奶，但她和那個男人構成的是事實婚姻——用時下的說，講的是「二奶」大敗「小三」的「婚姻保衛戰」故事，（在這個意義上說，影片的記錄性成為一大亮點和賣點）。

在《銀幕豔史》這個二奶全盤獲勝的故事裏，技巧性地展示了夫妻間一個亙古不變的遊戲規則，即鬥智鬥勇。婚姻中的男女兩性本是一場戰爭，這個道理年輕人不太懂甚至反感，但卻是事實本身。之所以用了遊戲這個詞，是因為這是一場特殊的戰爭，征服對方固然重要，但更重要的是妥協之後的和平共處，否則日子過不下去，故事也沒得講，講了也不好看。

《銀幕豔史》中的男主人公是舊市民電影中常見的少爺形象，女性人物也沒有跳出傳統形象的約定，譬如女主人公是非常時髦的電影明星，「小三」則有傳統的壞女人的身份標識——職業舞女——只不過，這個女人還可以視為悲情之女，即屬於苦得不行不行的那種女人，她的「前輩」就是《孤兒救祖記》裏竇娥還冤的女主人公。

《銀幕豔史》截圖之十七、十八

換言之，類似《銀幕豔史》這樣的故事、主題、題材和人物形象在舊市民電影中比比皆是，這是鴛鴦蝴蝶派和禮拜六派的強項。勉強指出它的不同之處，是因為出品時間畢竟是 1931 年，有點兒時代的新氣息，即女明星形象。問題是，「聯華」在這一年出品的《銀漢雙星》，女主人公不僅也是個女明星，而且更時髦——既會彈鋼琴還會唱歌（美聲）跳舞（肚皮舞），和她配戲的男主人公更是當紅影星。

丑、教化性的演進

舊市民電影發展到晚期，也就是 1930 年代初期新電影即將出現和已經出現的時候，舊市民電影其實是有所進化、演變的，具體地說，是有了一些新元素的加入。因此一方面，舊市民電影沒有放棄對男女婚戀關係中道德制高點的堅守，譬如「明星」1931 年的《銀幕豔史》，女主人公儘管是不是明媒正娶的太太，但她與男主人公仍然恪守婚姻關係中的男女本分。另一方面，此時的舊市民電影開始吸收了一些新的東西，譬如對自由戀愛理念的肯定。「聯華」1931 年出品的《一剪梅》中，三對青年男女最終之所以各有歸屬，無法否認的一點就是，他們的結合都建立在兩廂情願的基礎上，這與以往用傳統禮教「棒打鴛鴦兩處飛」的情形有所不同。

宣景琳在舊市民電影《銀幕豔史》（程步高導演，明星影片公司 1931 年出品）中的性感造型。（此圖片源自網路）

《銀幕豔史》當中也有類似的新思想，雖然不無淺薄。那就是當女主人公抱怨男的不再像以前那樣柔情蜜意了，對方的回答是「時代不同了」。正是這句話促使女方出走、自立去了。「聯華」1932 年出品的《南國之春》，雖然影片在整體上屬於舊市民電影範疇，但它在表現和鼓吹自由戀愛的時候，明確地抨擊「禮教吃人」。這種新思想本是新文學在文化上成立的核心理念和基本原則。譬如魯迅的《狂人日記》（1918）告訴人們，「這歷史沒有年代。歪歪斜斜的每頁上都寫著『仁義道德』幾個字……仔細看了半夜，才從字縫裏看出字來，滿本都寫著兩個字是『吃人』」。這是新文學最厲害的一點，從根

本上動搖了以往對傳統文化的全部認識。而舊文學、舊文化，當然還有舊市
民電影是從來不會這麼認爲，更不會這麼說的。

寅、娛樂性的新賣點

目前來看，這部新公映的影片進一步地補充說明了舊市民電影的低端文
化消費特徵，因爲它將當時時尚的、與電影有關的熱點都容納了進去。譬如
網上廣爲流傳的那張劇照，女主演宣景琳曲線畢現俯臥床上，四肢裸露，雙
目含春，香豔勾人的造型爲觀眾的想像留出了盡可能大的空間。

一般的研究者都會由此談及女明星的身體消費，即看與被看的女性資
源開發和市場化問題。這種意見並無錯誤，但對讀解《銀幕豔史》毫無新
意，因爲這本是舊市民電影共有的特質。比照原劇本〔註 13〕，公映的修復
版是影片的「後集」即下集，女影星私密生活揭示或暴露戲份，已經較「前
集」即上集大爲減少，而代之以二女爭風吃醋的鏡頭──這也是觀眾喜聞
樂見的。

問題是，這不是《銀幕豔史》的新亮點或新賣點，影片著力的地方，是
借助兩個女人特殊的職業身份（舞女加明星）和情節鋪陳，有意識地詳細展
示了當時電影的生產製作流程；而這些紀實性的、現場感極強的畫面、場景、
人物──譬如張石川現場導演的戲中戲片段，就使得《銀幕豔史》成爲中國
早期電影製作史上難得的特殊之作。不要說當時的觀眾有一種比看西洋鏡還
過癮的感覺，就是現今的觀眾也興趣盎然。

《銀幕豔史》截圖之十九、二十

因爲畢竟，對於電影製作而言，絕大多數人是外行，而外行看的就是「熱
鬧」。譬如影片中的集體化妝場景、群眾演員的招募，以及導演的現場調度、
演員的走位拍戲過程，美工、製景和保安的忙亂，甚至還有招考新演員的面

〔註 13〕 參見《銀幕豔史（前、後集）》之《前集本事》，載《中國無聲電影劇本》（下），
中國電影資料館編輯，中國電影出版社 1996 年版，第 2039～2041 頁。

試場景，很少有人不會覺得稀奇。這與其說是《銀幕豔史》的故事背景，不如說是《銀幕豔史》製片路線的新亮點或營銷策略新賣點。

卯、保守性的新貢獻

就現存的公眾可以看到的影片而言，舊市民電影退出公眾視野之後，它的歷史遺產已經被新電影各取所需、不同程度地繼承。譬如，左翼電影繼承了其暴力打鬥元素，並將其演化爲社會革命的階級暴力，用以反抗主流價值觀念；新市民電影在肯定社會主流價值的同時，更多地承接其娛樂特質，以滿足觀眾新的視聽需求。此外，舊市民電影的保守性還生成出了第三種新電影形態，我稱之爲新民族主義電影或曰高度疑似政府主旋律的電影。它和新市民電影的區別在於：後者有條件地借助和抽取了左翼電影的思想元素，（結果看上去很像左翼電影但實際上不是，這就是爲什麼許多研究者把《馬路天使》和《十字街頭》歸到左翼電影的原因），這樣做的目的與左翼電影一樣，都是市場需求的結果——沒有誰能否認左翼電影不是市場需求的必然產物。

新民族主義電影是在有意識地排斥左翼電影思想元素的基礎上，繼承和發揚了舊市民電影被時代輕視的傳統文化內涵和倫理道德理念，而這種努力和倡導，又恰好與執政黨的文化宣傳理念有重合和呼應之處。新民族主義電影出現於舊市民電影全面退潮之際，1931 年的《戀愛與義務》是其濫觴，1934年的《歸來》、1935 年的《天倫》、《國風》、《慈母曲》，以及 1937 年的《人海遺珠》〔註 14〕，是其成熟和繼續前行的證明——這正好與左翼電影的出現和消亡時間大致吻合、對應。新民族主義電影的出現是因爲 1930 年代的文化生態環境與 1920 年代大不一樣。換言之，新、舊電影的最大區別，就是意識形態有無進入電影生產。這也是新民族主義電影和舊市民電影的區別所在。

辰、藝術表現形式和社會批判

在 1920 年代的舊市民電影中，你看不到黨派意識形態的介入和偏激主張，它的藝術表現形式是影像版的章回體小說或言情小說。舊市民電影更熱

〔註 14〕從主題思想和類型上看，《戀愛與義務》、《歸來》、《天倫》、《國風》和《慈母曲》這 5 部都屬於新民族主義電影。其中，《天倫》、《國風》已經在拙作《黑白膠片的文化時態——1922～1936 年中國早期電影現存文本讀解》中做了個案讀解，敬請參閱。《慈母曲》由於《中國電影發展史》（第 1 卷，程季華主編）的錯訛，使我誤認爲是 1937 年的作品，所以前兩年並沒有發表對這部影片個案討論的文字；《戀愛與義務》是我這兩年才看到的，此次亦已收入本書（詳見本書第十章），敬請對比批判。

衷講富人和窮人的故事，但不會像左翼電影那樣以人物的階級出身來決定人物品質的好與壞，譬如富人一定是壞人，窮人一定是好人。恰恰相反，舊市民電影對窮人中的壞人也就是流氓無產者並不客氣。譬如《銀幕豔史》對那個成心搗亂的群眾演員——影片中的「白相人」即流氓無賴——絕無好感，簡直視爲垃圾。與此同時，《銀幕豔史》也批判爲富不仁的有錢人，譬如女主人公的貪圖虛榮、出賣色相，男主人公的喜新厭舊、用情不專。

舊市民電影和新市民電影一樣，都很討大多數人的喜歡，根本原因之一，當然是因爲庸眾占世人的絕大多數的原因，所以舊市民電影和新市民電影專注和熱衷的是表達和描述庸俗的人與事。譬如《銀幕豔史》其實是一部有關電影女明星的私密八卦和電影場生產流程內幕大揭秘的集合體，但它卻能從這些庸俗的人與事當中提煉出一些恆常不變的道理——雖然很庸俗。這是舊市民電影的教化性所決定的。

稍加分析就會發現，統帥《銀幕豔史》的主流的、傳統的價值觀念，實際上依然是是男權中心理念。譬如無論女主人公放棄拍戲或事業有成與否，都始終不能脫離男主人公一己的好惡——這要是放在左翼編導手裏，那女主人公必定會先是自強自立，然後就得徹底獨立鬧革命去了。從這個意義上說，就社會批判而言，新舊市民電影是「革新派」，左翼電影是革命派，而新民族主義電影則是抵擋革命洪流的「保守派」。

《銀幕豔史》截圖之二十一、二十二

丁、結語

《銀幕豔史》再次證明，1920年代新文學和新文化中的新思想和新理念，譬如女性的自強自立和戀愛自由等行爲意識並沒有眞正入到舊市民電影當中，或者說，舊市民電影還沒有從整體上眞正吸收、體現這些新理念。所以，《銀幕豔史》只能再次演繹男女在戀愛和婚姻範疇內的鬧劇式的喜

劇。只不過，二奶和小三爲了爭寵而各自「發憤圖強」的故事，更多地被展示「銀幕」的內幕場景搶去了風頭，所謂「豔史」也不過是營銷手段的慣常表現字眼兒。

《銀幕豔史》截圖之二十三、二十四

舊文學、舊文化的教化性往往願意以「卒章顯其志」的方式體現，雖然現今看到的《銀幕豔史》是殘片，但演員招考現場兩個守門人的對話倒也替它做了一個精彩的注腳。一個問，爲什麼少爺又對鳳珍小姐這樣巴結起來了呢？回答是：「男人都是蠟燭，一個女人住在家裏，一天到晚的看見，男人就要討厭她了，假使女人出來做事體，看見的辰光少，又要追來追去的寶貝她了」。這段話，完全可以看作是對《銀幕豔史》主題的提煉和通俗表達，與影片一樣直白、淺顯。

以往對早期中國電影史的研究都肯定了新電影的出現，但對之前的「舊」電影的形態多有含混之處，動輒就是「帝國主義」和「資本主義」之類的意識形態前綴或定性。其實新電影出現之前的電影，也就是我所謂的舊市民電影，無非是小市民品位的電影。它在文化生態層面與意識形態有關，但更重要的是時代角度的切入問題和中國電影發展時間上的前後順序問題。

事實上，就現存的、公眾可以看到的影片而言，也就是說從 1905 年中國電影誕生一直到作爲新電影的左翼電影 1932 年出現之前，這一段時間出品的所有的中國電影都可以劃到舊市民電影當中去。那麼，新近公映的《銀幕豔史》是如此，沒有來得及公映或者根本不打算公之於眾，基本上都會在這個框架和體系當中找到它自己的位置。

譬如，2012 年 5 月間，北京的中國電影資料館公映了 3 部市面上從未見過的民國電影拷貝修復版，即華劇影片公司 1929 年出品的《女俠白玫瑰》（殘片）、友聯影片公司 1929 年出品的《紅俠》（完整版）、明星影片公司 1937 年出品的有聲片《藝海風光》（完整版），以及同年 10 月 18～19 日，中國電影

藝術研究中心、中國電影資料館聯合主辦的「中國早期電影學術論壇」期間，為會議代表放映的幾部從未向外界公開的民國電影（均為 DVD 視頻版），即友聯影片公司 1930 年出品的無聲片《荒江女俠》（殘片）、明星影片公司 1933 年出品的有聲片《二對一》，以及華新影片公司 1939 年出品的有聲片《王先生吃飯難》〔註 15〕，只要看看以上這些影片出品時間就會發現，它們不是屬於舊市民電影，就是歸於新市民電影。除此無他。

戊、多餘的話

子、宣景琳

宣景琳（1907～1992）這個名字，是鄭正秋為她取的藝名。她原來的姓名是田金鈴，上海人。宣景琳是 1920 年代與張織雲、楊耐梅、王漢倫等人齊名的明星影片公司的一線明星。《銀幕豔史》是她參演的第十八部影片，也是舊市民電影晚期的代表作之一。舊市民電影有一個很有意思的外在考量特徵，那就是絕大多數女星都是狐狸臉（型），宣景琳在這一點上最有代表性。

1930 年代初期左翼電影興起後，大而圓的臉型（銀盆大臉）取代狐狸臉（型），成為女影星的主流臉型，因為大臉在某種程度上昭示著她的階級出身──王人美、黎莉莉就是最好的證據。譬如胡蝶和她主演的《姊妹花》之所以在很長一段時間內被認為是左翼電影演員和左翼電影，她的大臉造型是其中的一個小小原因。

從宣景琳一生的演藝生涯上看，她的第二個高峰時期是 1930 年代初期，尤其是 1933 年和胡蝶一同主演新市民電影的奠基之作《姊妹花》。作為曾經的銀幕「一姐」之一，宣景琳原本不屑與公司剛從「天一」挖來的後輩小妹胡蝶搭戲，也就是賣了個面子給導演鄭正秋〔註 17〕，這才有了一段不成佳話的「佳話」。在《姊妹花》裏，宣景琳扮演胡蝶的老媽，結果後來的戲路基本上就是「老太婆」系列〔註 18〕。

〔註15〕除《荒江女俠》外，我對其餘 5 部影片均已完成個案讀解，但尚未獲得發表機會。

〔註17〕參見趙士薈：《影壇鉤沈》，大象出版社 1998 年版，第 253 頁。

〔註18〕宣景琳小傳：宣景琳的父親是一個報販，在她出生後不久就去世了。長大後，因生活所迫，宣景琳將自己典給了四馬路上有名的煙柳之地「會樂里」。在這期間，她結識了一個有錢人家的王姓少爺，卻因妓女之身遭王家嫌棄。1925

年在王吉亭的引薦下，宣景琳加入明星影片公司，出演的第一部電影是鄭正秋編劇、張石川導演的《最後之良心》。這部電影成功後，宣景琳開始在明星公司站穩腳跟，並在公司老闆張石川等人的幫助下，從「會樂里」擺脫出來，專心拍片。值得一提的是，宣景琳主演的電影《上海一婦人》，正是根據宣景琳早年的這段生活經歷改編而成。1920 年代中期，宣景琳與張織雲、楊耐梅、王漢倫一起成爲明星公司的「四大名旦」。

宣景琳進入明星公司拍片之後，在鄭正秋的斡旋下，與王少爺結了婚，只是被禁止與王氏族人同住。婚後王少爺要求宣景琳放棄演戲，由此二人發生爭執，最後終以分手散場。與丈夫離婚後，宣景琳開始抽起大煙，身體也因此虛弱起來。同時也因爲明星公司不斷湧入新人，宣景琳的片約逐漸減少，於是她便在 1931 年轉投天一影片公司，並拍了有聲片《歌場春色》等。

1932 年，鄭正秋準備拍攝《姊妹花》，邀請宣景琳來飾演片中母親一角，她一開始並不願意。因爲早在 1928 年，明星公司把胡蝶從天一公司挖過來時，宣景琳就曾向公司表示：「伊拍一部，我拍一部，大家勿碰頭（合作）」（見《影壇鉤沈》，趙士薈著，大象出版社 1998 年版，第 253 頁）。她和胡蝶的這種隔閡直到電影《姊妹花》的合作完成後才得以消解，而宣景琳也因成功飾演《姊妹花》裏的老太婆形象大獲好評。此後，她在電影中便經常以老婦人形象出現，有了「小老太婆」的稱謂。1938 年，宣景琳在新華影業公司拍完《舞宮血淚》後便暫別影壇，嫁給了一個有名的中醫。1949 年後，宣景琳加入上海的國營電影製片廠，在大同影片公司、上海電影製片廠當演員期間，曾在《家庭問題》、《三八河邊》等影片中扮演了一系列老媽媽形象。1992 年去世，終年 85 歲。

宣景琳的主要參演作品：

1. 《最後之良心》，1925 年，明星影片公司，編劇：鄭正秋，導演：張石川，宣景琳飾秦春華。

2. 《盲孤女》，1925 年，明星影片公司，編劇：鄭正秋，導演：張石川，宣景琳飾李翠英。

3. 《小朋友》，1925 年，明星影片公司，編劇：鄭正秋，導演：張石川，宣景琳飾唐沈氏。

4. 《上海一婦人》，1925 年，明星影片公司，編劇：鄭正秋，導演：張石川，宣景琳飾吳愛寶——花淡如。

5. 《可憐的閨女》，1925 年，明星影片公司，編劇：包天笑，導演：張石川，宣景琳飾楊七姑。

6. 《新人的家庭》，1925 年，明星影片公司，編劇，顧肯夫，導演：任矜蘋。

7. 《早生貴子》（一名《老伉儷》），1925 年，明星影片公司，編劇：鄭正秋，導演：洪深，宣景琳飾吳孫氏。

8. 《好男兒》，1926 年，明星影片公司，編劇：包天笑，導演：張石川，宣景琳飾林慧珠。

9. 《多情的女伶》，1926 年，明星影片公司，編劇：包天笑，導演：張石川，宣景琳飾趙飛紅。

10. 《富人之女》，1926 年，明星影片公司，編劇：包天笑，導演：張石川，宣景琳飾康鳳珠。

11.《無名英雄》，1926 年，明星影片公司，編劇：滄海後人，導演：張石川，
　　宣景琳飾燕姑。
12.《梅花落》（上中下集），1927 年，明星影片公司，編劇：張石川，導演：
　　鄭正秋，宣景琳飾冰娘。
13.《真假千金》，1927 年，明星影片公司，編劇：殷民遺，導演：張石川，
　　宣景琳飾常曼英。
14.《少奶奶的扇子》，1928 年，明星影片公司，編劇：洪深，導演：張石川，
　　宣景琳飾瑜貞。
15.《娼門賢母》，1930 年，明星影片公司，編劇、導演：鄭正秋，副導演：
　　蔡楚生，宣景琳飾楓母。
16.《浪漫女子》，1930 年，明星影片公司，導演：程步高。
17.《窗上人影》，1931 年，明星影片公司，編劇：程小青，導演：程步高。
18.《銀幕豔史》（前集、後集），1931 年，明星影片公司，導演：程步高。
19.《玉人永別》，1931 年，明星影片公司，編導：鄭正秋。
20.《最後之愛》，1931 年，天一影片公司，編劇：蘇怡，導演：邵醉翁。
21.《生死夫妻》，1931 年，明星影片公司，導演：張石川。
22.《歌場春色》，1931 年，天一影片公司，編劇：姚蘇鳳，導演：李萍倩，
　　宣景琳飾歌女。
23.《上海小姐韓繡雯》，1932 年，天一影片公司，導演：李萍倩。
24.《有夫之婦》，1932 年，天一影片公司，編劇：高天棲，導演：李萍倩。
25.《姊妹花》，1933 年，明星影片公司，編導：鄭正秋，宣景琳飾母親。
26.《母與子》，1933 年，明星影片公司，編劇：於定勳，導演：湯傑，宣景
　　琳飾林晴雲。
27.《前程》，1933 年，明星影片公司，編劇：夏衍，導演：張石川，宣景琳
　　飾女伶。
28.《二對一》，1933 年，明星影片公司 ，編劇：王乾白，導演：張石川，宣
　　景琳飾陳愛華。
29.《婦道》，1934 年，明星影片公司，編劇：姚蘇鳳，導演：徐欣夫，宣景
　　琳飾王母。
30.《路柳牆花》，1934 年，明星影片公司，編劇：姚蘇鳳，導演：徐欣夫，
　　宣景琳飾阿毛娘。
31.《女兒經》，1934 年，明星影片公司，編劇：夏衍、鄭正秋等，導演：張
　　石川、程步高等，宣景琳飾宣淑。
32.《再生花》，1934 年，明星影片公司，編導：鄭正秋，宣景琳飾趙大媽。
33.《空谷蘭》，1934 年，明星影片公司，編導：張石川。
34.《鄉愁》，1934 年，明星影片公司，編導：沈西苓，宣景琳飾楊母。
35.《大家庭》，1935 年，明星影片公司，編導：張石川，宣景琳飾金氏。
36.《舞宮血淚》，1938 年，新華影業公司，導演：陳翼青。
37.《自由天地》，1950 年，大同影片公司，導演：黃漢，宣景琳飾姑太太。
38.《女兒春》，1951 年，大同影片公司，導演：黃漢，宣景琳飾劉氏。
39.《家》，1956 年，上海電影製片廠，導演：陳西禾、葉明，宣景琳飾張姑
　　太太。

宣景琳。〔註16〕

40.《三八河邊》，1958 年，江南電影製片廠，導演：黃祖模，宣景琳飾李英母。

41.《香飄萬里》，1959 年，天馬電影製片廠，導演：傅超武，宣景琳飾姑媽。

42.《家庭問題》，1964 年，天馬電影製片廠，導演：傅超武，宣景琳飾婆婆。

（以上文字和資料收集整理：朱洋洋、李豔）

〔註16〕圖片來源：http：
//www.esgweb.net/html/dybn/dianyingbainian1/dianyingbainian1/U135P112T82D
23155F1773DT20050615122336.jpg。

　　這在一定程度上，又可以看到一個時代性的暗示，那就是《銀幕豔史》中宣景琳的形象，代表著 1920 年代以來舊市民電影在取得最高地位後留下的一個光輝結局。1949 年以後，宣景琳留在大陸，成爲上海電影製片廠的一個演員；1964 年演完最後一部影片《家庭問題》中的「婆婆」後〔註19〕，便回家與丈夫安度晚年。總其一生，算是功德圓滿、善始善終。

宣景琳。〔註20〕

丑、夏佩珍

　　夏佩珍（1908～1975）出生於江蘇南京，雖然比宣景琳小一歲，卻是與宣景琳在同一年（1925 年）投身影壇的。夏佩珍也是一代女星，最出名的事

〔註19〕同上註。
〔註20〕圖片來源：http：//image.ku6.com/image/200905/08/KU608150752JdazjU.jpg

迹，是先後主演了《盤絲洞》（1927）和連續 18 集的《火燒紅蓮寺》（1928）。無論當時還是現在看來，這兩部影片都足以使夏佩珍留名青史，尤其是她的玉女豔體和武俠明星形象。現存的影片中，由於《盤絲洞》和《啼笑因緣》（第1～6 集，1932 年）還沒有向公眾展示，所以只能從《銀幕豔史》和《女兒經》（1934 年）中窺見其表演風格。

夏佩珍。〔註21〕

　　從 1920 年代中期到 1930 年代初期，夏佩珍當時的名氣和地位不輸於胡蝶、宣景琳以及湯天繡這樣的跨時代的女明星。但此後因爲吸毒和拍戲受傷，

〔註21〕　圖片來源：http：//image.baidu.com/i？ct=503316480&z=&tn=baiduimagedetail
　　　　&word=%CF%C4%C5%E5%D5%E4&in=29849&cl=2&lm=-1&pn=0&rn=1&di
　　　　=18262963560&ln=795&fr=&fmq=&ic=0&s=0&se=1&sme=0&tab=&width=&h
　　　　eight=&face=0&is=&istype=2

就此落魄潦倒。等到她再一次回到銀幕上，已經是 1960 年武漢電影製片廠攝製的《革命風暴戰勝龍捲風》了〔註 22〕。此時從年紀上計算，估計是也就是

〔註22〕夏佩珍生平及作品年表。

夏佩珍祖籍山東歷城，父母都以出賣勞力為生。在她 13 歲那年，飢寒交迫，父母不忍女兒受苦，將她從南京送到上海，投奔叔叔著名文明戲演員夏天人。1923 年 15 歲時，夏佩珍進了上海一電影學校學習。1925 年，17 歲的夏佩珍進入「明星」影片公司，從當臨時演員做起，開始了銀幕生涯。之後，夏佩珍又在「上海影戲」、「暨南」、「孔雀」等影片公司出演影片《盤絲洞》（1927）、《浪女窮途》（1927）、《嘉興八美圖》（1927）等影片，逐漸引起人們的注意。1928 年，夏佩珍加入「明星」公司，成為正式演員。接連主演了 18 集《火燒紅蓮寺》，成功扮演了「崑崙派女俠甘聯珠」，成為中國百年影史上第一顆亮麗的武俠女紅星，與胡蝶、宣景琳等齊名，月薪八百銀元，成為她義父最滿意的搖錢樹。義父又要夏佩珍到其他電影廠去拍戲，來要挾「明星」加薪。「神怪片」落潮後，明星公司改變製作方針，拍攝文藝片。夏佩珍重回「明星」，與胡蝶合演有聲片《歌女紅牡丹》、《啼笑姻緣》。她飾演的關秀姑受到觀眾讚賞，接著她主演左翼支持的影片《狂流》、《壓迫》、《香草美人》、《女兒經》和《自由之花》等反映現實的作品，演技精湛，名噪一時，可與胡蝶平立。可惜的是，她叔父夏天人，怕她功成名就，會脫離他的束縛，就誘迫她染上毒癮，終日沉迷煙榻，最後她吸毒過深，體力甚衰，在拍戲時，墮樓受傷，從此告別影壇，從此落魄潦倒，一度靠走江湖賣藝為生。新中國成立後政府給夏佩珍安排了工作。1960 年，她在武漢電影製片廠攝製的《革命風暴戰勝龍捲風》中出演過角色。1975 年逝世，終年 67 歲。

夏佩珍參與演出的電影作品有：

1.《火燒紅蓮寺》（第 1～3 集），1928 年，明星影片公司，主演；
2.《血淚黃花》（前集），1928 年，明星影片公司，主演；
3.《火燒紅蓮寺》（第 4～9 集），1929 年，明星影片公司，主演；
4.《小英雄劉進》，1929 年，明星影片公司，主演；
5.《血淚黃花》（後集），1929 年，明星影片公司，主演；
6.《富人的生活》，1929 年，明星影片公司，主演；
7.《懺悔》，1929 年，明星影片公司，主演；
8.《新西遊記》（第 1、2 集），1929 年，明星影片公司，主演；
9.《爸爸愛媽媽》，1929 年，明星影片公司，主演；
10.《火燒紅蓮寺》（第 10～16 集），1930 年，明星影片公司，主演；
11.《新西遊記》（第 3 集），1930 年，明星影片公司，主演；
12.《強盜孝子》，1930 年，明星影片公司，主演；
13.《娼門賢母》，1930 年，明星影片公司，主演；
14.《桃花湖》，1930 年，明星影片公司，主演；
15.《碎琴樓》，1930 年，明星影片公司，主演；
16.《火燒紅蓮寺》（第 17、18 集），1931 年，明星影片公司，主演；
17.《歌女紅牡丹》，1931 年，明星影片公司，主演；
18.《紅淚影》1931 年，明星影片公司，主演；

一個小角色——畢竟是五旬年紀了。後來的情形應該是寂寂無名，但能夠活
到大陸的 1970 時代，好歹還是高壽了。說到染上毒癮，宣景琳也有過，好在
沒有大礙。與她倆同一時代的男影星王獻齋（即本片中反派男角的扮演者）
就沒這麼幸運，據說是染上毒癮後流落街頭凍餓而死。

夏佩珍在《啼笑因緣》中鄭小秋配戲劇照。〔註23〕

19.《鐵血青年》，1931 年，明星影片公司，主演；
20.《如此天堂》（前後集），1931 年，明星影片公司，主演；
21.《落霞孤鶩》，1932 年，明星影片公司，主演；
22.《血債》，1932 年，明星影片公司，主演；
23.《啼笑姻緣》（第 1～6 集），1932 年，明星影片公司，主演之一；
24.《自由之花》，1932 年，明星影片公司，主演；
25.〈狂流〉，1933 年，明星影片公司，主演；
26.《香草美人》，1933 年，明星影片公司，主演；
27.《壓迫》，1933 年，明星影片公司，主演；
28.《展覽會》，1933 年，明星影片公司，主演；
29.《路柳牆花》，1934 年，明星影片公司，主演；
30.《女兒經》，1934 年，明星影片公司，主演之一。

（以上文字和資料收集整理：林吉安）

〔註23〕圖片來源：http://image.baidu.com/i？ct=503316480&z=&tn=baiduimagedetail&
word=%CF%C4%C5%E5%D5%E4&in=12776&cl=2&lm=-1&pn=12&rn=1&di=
30554857815&ln=795&fr=&fmq=&ic=0&s=0&se=1&sme=0&tab=&width=&hei
ght=&face=0&is=&istype=2

寅、卡車與盒飯

群眾演員到場那場戲，即使是作爲製片流程的外行，我也特別佩服。一共五車大群眾，前三輛車，卡位卡得特別好，車身上始終只能看到「公司」二字三。到第四輛，出現的是「影片公司」四字。直到最後的第五輛卡車，才終於讓你看清楚了，「美藝影片公司」。從製片的角度講，這五輛卡車的出鏡眞的需要五個車嗎？對，製片主任用一輛車就可以解決問題，所以才有了攝影的密切配合問題──當然導演也可以作出指示。所以，電影的創作不同於文學創作，是集體合力與個人努力的區別，也就是五車盒飯和一個盒飯的問題，是錢的問題，也就是成本問題。

卯、男人是蠟燭

這算是《銀幕豔史》有趣的地方，更是一句跨時代的名言警句。舊市民電影的特徵，是「卒章顯其志」。兩個看門人說些男女之間的閒話，其中一個有驚人之句，說男人就像蠟燭一樣。這句話初聽上去莫名其妙，但仔細想想又覺出眞理的意味。就生命的使用上說，男人可不就像蠟燭一樣不經燒？而且不能兩頭燒。家裏一個已經讓人撓頭了，外面再養一個，一樣地不省心，要不是顧住一頭，兩頭起火，可不是燒一燒就沒了？古人講，有外遇的男人必須有資本，那就是有錢有閒，還得有本事有心眼兒。這與舊市民電影背後傳統文化的支撐有關，所以說兩個看門人討論的其實是一個哲學問題。

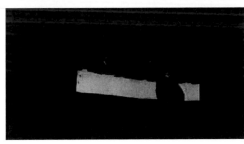 

《銀幕豔史》截圖之二十五、二十六

譬如《水滸》中的王婆教導西門慶如何才能討女人的歡心：「要五件事俱全，方才行得。第一件，潘安的貌，第二件，驢兒大的貨，第三件，似鄧通有錢，第四件，小，就要綿裏針忍耐，第五件，要有閒工夫」。有熱心網友解釋如下：「『潘』即潘安，古代一帥男也。『驢』，指驢身上唯一的『長處』，也就是男性第一性徵。『鄧』爲鄧通，西漢人，有一天這廝對景帝說算命先生對他講，他這輩子會窮死，景帝就讓他『鑄天下錢』，即西漢時期的中國銀行行

長，於是他成了比陶朱公還有財的人。『小』是乖張的意思，就是說要像賈寶玉一樣討女人歡心，至少脾氣要好，抗擊打能力要強，能夠在家庭暴力中扮演受虐者角色」[18]。翻譯成城市用語，那就是要求男人做提款機、拖拉機、洗衣機和電視機〔註24〕。

〔註24〕除了專業鏈接 2：和專業鏈接 3：，以及戊、多餘的話之外，本章的主要文字部分（約 11500 字），在收入本書前，曾以《舊市民電影：1930 年代初期行將沒落的中國主流電影特徵——簡析新近公映的無聲片〈銀幕豔史〉（1931）》為題，向某雜誌投寄，尋求發表。到 2014 年 2 月底本書全稿寄送出版社時，尚未發表。但某雜誌在 2013 年 10 月已將審讀意發給我參考，我亦做了回覆。為了便於讀者的理解和批判，我將往來信件附呈於後，請各位取捨。

----- 原始郵件內容 -----

發件人：□□□1005@sina.com
收件人：袁慶豐 yuanqingfeng@cuc.edu.cn
時間：Wed Oct 16 09：17：27 CST 2013
主題：回覆：主編你好，這是袁慶豐投稿的《銀幕豔史》
袁老師：編輯昨日傳回大作的審稿意見，已通過匿名審稿，我們會用。審稿意見也提出了一些修改意見，呈上，供參考，若有修改，請將修改稿傳我。謝謝！祝撰安！□□。

　　論文通過對《銀幕豔史》這一影片文本的分析，來探討 20 世紀 30 年代初期作為中國主流電影的舊市民電影的基本特徵。論文選題本身具有歷史價值與學術意義，對舊市民電影的特點進行了較為全面的歸納與理論總結，並將之用於《銀幕豔史》的個案分析。此種分析以主題與內涵為主，以否定性評價為主，對於電影本體的討論則相對缺乏。

修改意見：

　　1、論文對於舊市民電影的否定性評價，以及對於影片《銀幕豔史》的相關評價，有些過於簡單化；對於張真的《銀幕豔史》一書的評價同樣有簡單化之嫌，值得進一步商榷。
　　2、論文副標題「新近公映」說法欠妥。

□□兄：

　　　　謝謝你轉來的批評意見。

　　　　匿審的意見有道理，值得我以後注意。譬如我這幾年對舊市民電影越來越持肯定態度，但在這篇文章中體現得不夠充分，對張真的肯定似乎也沒有被充分體現出來。

　　　　但副標題說的是事實，因為張真和我都到了現場，雖然他們業內早已看過無數次，但面對普通民眾，這的確是第一次。

　　　　因此，人家的意見我今後一定注意，爭取以後寫作更加完美。

　　　　所以，我倒覺得題目可以將副標題從「簡析新近公映的無聲片《銀幕豔史》（1931）」，改成「以 1931 年明星影片公司出品的《銀幕豔史》為例」。

初稿時間：2012 年 5 月 3 日
初稿錄入：邢軍
二稿時間：2013 年 9 月 7 日～30 日
三稿修訂：2014 年 2 月 22 日

參考文獻

〔1〕饒曙光，關於深化中國電影史研究的斷想〔J〕，當代電影，2009（4）：72。

〔2〕酈蘇元，走近電影，走近歷史〔J〕，當代電影，2009（4）：63。

〔3〕程步高，我幾年來導演的經過〔M〕，中國電影年鑒，1934//中國電影資料館編輯，中國無聲電影（一）〔M〕，北京：中國電影出版社，1996：396。

〔4〕凌鶴，世界名導演評傳（中國之部）〔J〕，中華圖畫雜誌，1936（42、43、44、45）//中國電影資料館編輯，中國無聲電影（三）〔M〕，北京：中國電影出版社，1996：1246。

〔5〕宣景琳，我的銀幕生活〔J〕，中國電影，1956（3）//中國電影資料館編輯，中國無聲電影（四）〔M〕，北京：中國電影出版社，1996：1484。

〔6〕李少白，中國電影史〔M〕，北京：高等教育出版社，2006。

〔7〕陸弘石，舒曉鳴，中國電影史〔M〕，北京：文化藝術出版社，1998。

〔8〕丁亞平，影像時代──中國電影簡史〔M〕，北京：中國廣播電視出版社，2008。

〔9〕李道新，中國電影文化史（1905～2004）〔M〕，北京大學出版社，2005。

〔10〕紫雨，新的電影字現實諸問題〔N〕，北京：晨報‧「每日電影」，1932-8-16//三十年代中國電影評論文選〔M〕，中國電影出版社，199：586。

〔11〕張石川，自我導演以來〔J〕，上海：明星（半月刊）：第 1 卷，1935-5-16（3）//程季華，中國電影發展史：第 1 卷〔M〕，北京：中國電影出版社，1963：16。

至於其他的，就不修改了，除了錯別字，這一點有勞貴刊把關。

再次感謝您的厚愛。專此奉覆，並頌

編安！

袁慶豐上

2013 年 10 月 16 日星期三

〔12〕鄭正秋，明星未來之長片正劇〔J〕，晨星（雜誌創刊號），上海晨社出版，1922//程季華，中國電影發展史：第 1 卷〔M〕，北京：中國電影出版社，1963：58。

〔13〕張石川，敬告讀者〔J〕，晨星（雜誌創刊號），上海晨社出版，1922//程季華，中國電影發展史：第 1 卷〔M〕，北京：中國電影出版社，1963：58。

〔14〕范伯群，「電戲」的最初輸入與中國早期影壇——爲中國電影百年紀念而作〔J〕，江蘇大學學報，2005（5）：1～7。

〔15〕程季華，中國電影發展史：第 1 卷〔M〕，北京：中國電影出版社，1963。

〔16〕程季華，中國電影發展史：第 1 卷〔M〕，北京：中國電影出版社，1963。

〔17〕程季華，中國電影發展史：第 1 卷〔M〕，北京：中國電影出版社，1963。

〔18〕百度知道：《血落有痕的回答》
http：//zhidao.baidu.com/question/211253844.html。

第拾伍章　大眾審美、知識分子話語與新電影市場需求的時代共謀——1932 年：「新」《南國之春》與「舊」《啼笑因緣》的對比讀解

閱讀指要：

　　1932 年《啼笑因緣》的徹底失敗，標誌著中國舊市民電影在營銷市場的歷史性崩盤。將《南國之春》和《啼笑因緣》稍作對比，既可以看出聯華影業公司和明星影片公司當時製片路線和電影理念的差異，也可以看到 1932 年中國國產電影中帶有左翼色彩影片和舊市民電影的新舊之別。當年的《南國之春》雖然在整體上仍舊沒有脫離舊市民電影的窠臼，但它的價值和意義在於：作為編導，《南國之春》是蔡楚生從舊市民電影向早期左翼電影的嘗試性跨越，為他在 1934 年極具代表性的左翼電影的出現留下創作伏筆；對於「聯華」而言，它標誌著公司在影片製作和市場導向上的時代轉型。因此，《南國之春》生硬的左翼色彩塗抹和新元素的吸收也就在所難免，而相對於明星影片公司在同年採用有聲新技術、投入鉅資強力打造推出的《啼笑姻緣》在時代主題和市場回報上的雙重失敗，《南國之春》則多有清新和愉悦之處。

關鍵詞：早期中國電影；舊市民電影；《南國之春》；《啼笑因緣》；市場導向；

《南國之春》截圖之一、二

專業鏈接 1：《南國之春》，（故事片，黑白，無聲），聯華影業公司 1932 年出
　　　　品。VCD（雙碟），時長 78 分 34 秒。

　　　　》》》**編劇、導演**：蔡楚生；**攝影**：周克。

　　　　》》》**主演**：高占非（飾演洪瑜）、陳燕燕（飾演李小鴻）、葉娟娟
　　　　　　　（飾演鳳飛女士）、劉繼群（飾演洪瑜的同學尤湘）、
　　　　　　　宗惟賡（飾演洪瑜的同學丘有為）、陳少英（飾演李
　　　　　　　小鴻的胖婢女），蔣君超（飾演鳳飛女士的情人）、李
　　　　　　　紅紅（飾演尤湘的女友）。

專業鏈接 2：原片片頭、演職員表字幕及片中的人物介紹字幕

　　　　　　南國之春
　　　　　　監製：羅明祐
　　　　　　製片主任：陸涵章
　　　　　　攝影：周克
　　　　　　布景：方沛霖
　　　　　　演員表：
　　　　　　洪　瑜 ………… 高占非
　　　　　　李小鴻 ………… 陳燕燕
　　　　　　鳳飛女士 ……… 葉娟娟
　　　　　　尤　湘 ………… 劉繼羣
　　　　　　丘有為 ………… 宗惟康

李　婢 ………… 陳少英

鳳　友 ………… 蔣君超

尤女友 ………… 李紅紅

編劇、導演：蔡楚生

洪瑜

和洪瑜同來南方求學的尤湘輿丘有為

已故銀行家李某的愛女小鴻

洪瑜的爸爸

鳳飛女士探病

專業鏈接 3：影片鏡頭統計

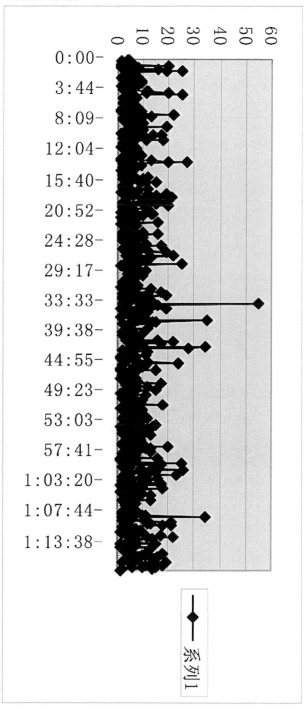

說明：《南國之春》全片時長 78 分 34 秒，共 677 個鏡頭。其中：

甲、小於和等於 5 秒的鏡頭 352 個，大於 5 秒、小於和等於 10 秒的鏡頭 188 個，大於 10 秒、小於和等於 15 秒的鏡頭 79 個，大於 15 秒、小於和等於 20 秒的鏡頭 38 個，大於 20 秒、小於和等於 25 秒的鏡頭 14 個，大於 25 秒、小於和等於 30 秒的鏡頭 2 個，大於 30 秒、小於和等於 35 秒的鏡頭 3 個，大於 35 秒、小於 50 秒的鏡頭 0 個，大於 50 秒、小於或等於 55 秒的鏡頭 1 個，大於 55 秒的鏡頭 0 個。

乙、片頭鏡頭 13 個，片尾鏡頭 1 個；字幕鏡頭 154 個，其中交代劇情的鏡頭 18 個，演職員表鏡頭 7 個，對話鏡頭 129 個。

丙、固定鏡頭 464 個；運動鏡頭 45 個。

丁、遠景鏡頭 3 個，全景鏡頭 67 個，中景鏡頭 63 個，近景鏡頭 325 個，特寫鏡頭 51 個。

（統計與圖表製作：喬潔瓊；核實：李棗雄）

專業鏈接 4：影片觀賞推薦指數：★★☆☆☆

《南國之春》截圖之三、四

甲、前面的話

1930 年代的許多著名左翼電影編導很多其實是從舊市民電影入道起家的，蔡楚生（1906～1968）就是如此。蔡楚生 1931 年夏進入聯華影業公司，1934 年編導了著名影片《漁光曲》和《新女性》；1940 年代，更以編導《一江春水向東流》（崑崙影業公司 1947 年出品）奠定其在中國電影史上的高端地位〔註1〕。在進入「聯華」之前，蔡楚生先後在「華劇」、「民新」、「漢倫」、

〔註 1〕《漁光曲》上市後連續放映 84 天，成爲當時最賣座的國產影片；1935 年 2 月，該片在蘇聯電影工作者俱樂部爲紀念蘇聯電影國有化 15 週年舉辦的莫斯科國際電影節上獲得「榮譽獎」，成爲中國第一部在國際上獲得榮譽獎的影片[5]P337

「耐梅」、「明星」、「天一」等製片公司工作，編導過《奇女子》（副導演，耐梅影片公司 1928 出品）、《戰地小同胞》（副導演，明星影片公司 1929 出品）、《無敵英雄》（編劇，天一影片公司 1929 年出品）和《碎琴樓》（副導演，明星影片公司 1930 年出品）等作品[1]。在我看來，這些都屬於舊市民電影。

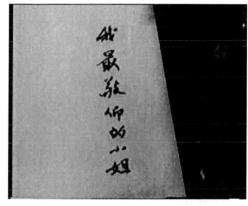

《南國之春》截圖之五、六

1932 年，蔡楚生編導的《南國之春》，在整體上依然沒有脫離舊市民電影的窠臼，但它是編導從舊市民電影向早期左翼電影的嘗試性跨越，也是他編導的《漁光曲》在 1934 年熱力上市並獲得當年國產影片最高票房回報的創作伏筆；對於出品方而言，《南國之春》是聯華影業公司回應市場需求的影片製作路線、即從舊市民電影向左翼電影一系列的時代轉型作品之一。因此，《南國之春》生硬的左翼色彩塗抹和新元素的吸收也就理所當然。

1932 年，作為聯華影業公司強勁有力的競爭對手之一，明星影片公司採用當時最先進、造價相對高昂的電影有聲新技術，投入鉅資強力打造、隆重推出的 6 集電影大片《啼笑因緣》〔註2〕，卻在時代主題和市場回報上收穫了

~338。1949 年新中國成立後，蔡楚生去世（1968）之前只有半部電影（《南海潮》上集，珠江電影製片廠 1962 年出品）存世。蔡楚生的經歷和同時代的偉大編導史東山（1902～1955）極其相似：作為《一江春水向東流》的姊妹篇，史東山的《八千里路雲和月》（崑崙影業公司 1947 年出品），同樣也獲得了廣大觀眾和電影界的高度認可，而史東山也是以拍攝舊市民電影入道的，代表作是《銀漢雙星》（聯華影業公司 1931 年出品）。

〔註2〕《啼笑因緣》（故事片，黑白，部分有聲，部分彩色），根據張恨水同名章回小說改編，明星影片公司 1932 年出品。《啼笑因緣》第一集，中國（北京）電影資料館館藏膠片，時長 85 分鐘。編劇：嚴獨鶴、張石川；導演：張石川；攝影：董克毅、王士珍、威廉生。主演：胡蝶，夏佩珍，鄭小秋，蕭英，王獻齋，嚴月嫻，龔稼農。

雙重失敗 [2] P201。因此，對現存的這兩部中國早期電影比較性讀解的意義就在於，能夠更形象地理解以舊市民電影爲代表的中國早期電影中舊電影的衰落，和包括左翼電影在內的新電影興起、交替之際的電影時代潮流和相應的文化背景。

乙、《南國之春》：試圖塗上左翼電影色彩的舊市民電影

就在《南國之春》出品的 1932 年，聯華影業公司也拍攝出品了帶有強烈左翼色彩的《野玫瑰》和《火山情血》（我稱之爲早期左翼電影）〔註 3〕。而《南國之春》從主題、人物、內容、情節設置到敘述模式，都與公司一年前製作的《銀漢雙星》、《桃花泣血記》和《一剪梅》一樣，同屬於舊市民電影形態屬性。放在 1932 年早期左翼電影出現的背景下看，《南國之春》與舊市民電影唯一的區別就是幾許左翼色彩生硬的塗抹。

《南國之春》截圖之七、八

譬如，《南國之春》的男主人公是大學生洪瑜，女主人公是所謂富有的已故銀行家的女兒李小鴻。儘管男主人公的身份由過去舊市民電影中的富家公子，置換爲接受新式教育的大學生（後來又去法國留學），女主人公也從過去暗藏深閨的千金小姐變身爲現代都市中的富家女，但本質上還是《西廂記》

〔註 3〕對這兩部影片的具體定性與討論，請分別參見拙作《〈野玫瑰〉：從舊市民電影向左翼電影的過渡——現存中國早期左翼電影樣本讀解之一》（載《文學評論叢刊》第 11 卷第 1 期，2008 年 11 月，南京，季刊）、《中國早期左翼電影暴力基因的植入及其歷史傳遞——以孫瑜 1932 年編導的〈火山情血〉爲例》（載《河北師範大學學報》2009 年第 5 期（石家莊，雙月刊）；上述兩篇文章的未刪節版均收入《黑白膠片的文化時態——1922～1936 年中國早期電影現存文本讀解》，敬請對比批判。

一類舊式書生和勾魂美女的愛情故事翻版。

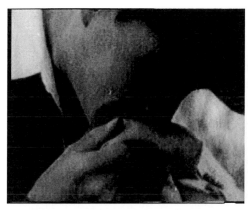

《南國之春》截圖之九、十

　　就內容而言，如果說得惡俗一點（按照對舊市民電影的說法），《南國之春》就是寫了一對「孤男寡女」，在南國的春日兩性相吸、生離死別的故事。就像兩人熱戀時李小鴻癡情地表述：你能永遠像今天這樣愛我嗎？洪瑜回答，你是我的一切和一切啊。爲了強化和襯托這對男女強烈的兩性吸引，影片用很大的篇幅表現他們在南國白日相誘，枕上相思，從春的深夜思到秋的下午，並且用胖子尤湘（洪瑜的好友）在巴黎「留學」時說的一句話來強調：「沒有戀愛的人生是沒有意義的」。

《南國之春》截圖之十一、十二

　　《南國之春》用的是典型的、老舊的舊市民電影的手法。它是一個單線發展的封閉故事，情節的發展靠「是夜」、「次晨」、「一星期以後」、「春的深夜」、「深秋的下午」來逐次推進和轉場。從整體上看，爲了完成這段男女的

相思相戀之情，電影的結構非常老舊和荒誕。譬如洪瑜明明家裏已經爲他訂了一門親事，他到城市讀書卻又和李小鴻陷入情網。後面的故事情節，凡是對舊市民電影有一點瞭解的人，馬上可以推斷：兩人正在熱戀之時，忽然家裏來了一封電報曰「父親病危」；洪瑜匆忙回到家裏，老父親在病榻之前強令兒子立刻成婚；結果洪瑜成就了沒有愛情的婚姻，而李小鴻卻在城市之中苦苦相守，癡癡相望。

如果說這個情節還比較符合舊市民電影模式的話，下面的發展就顯得讓人不能容忍。爲了讓男女主人公重新結合，特別安排了洪瑜知書達理的新媳婦不守婦道、與人偷情的插曲：洪瑜回到家中，發現床下擺著兩雙鞋，一雙女鞋，一雙男鞋，再看桌子上堆著一堆空酒瓶。而洪瑜並沒有像觀眾推測地那樣回到都市來找他的戀人，而是去參加出國留學考試，然後就到法國去了。於是，男女主人公的兩地相思就從國內延伸到了遠在歐洲的巴黎。

《南國之春》截圖之十三、十四

在這期間，男女主人公重逢的障礙一個一個被掃除：先是安排李小鴻的寡母及時死掉，洪瑜的妻子主動要求離婚，於是洪瑜欣然回國。當然，當他緊趕慢趕見到苦命戀人的時候，李小鴻已經是癆病晚期；當然，洪瑜在她咽氣之前及時趕到，讓李小鴻幸福地死在他的懷裏……。然後，以一句臺詞結束電影：「親愛的，我一定盡我自己的力量來紀念你永生的生命」。

所以，無論是人物、內容、手法、情節設置還是主題思想，《南國之春》都是一個典型的舊市民電影，只不過，它的出品時間是 1932 年而已。那麼，《南國之春》試圖塗抹的所謂左翼電影的色彩表現有表現在哪裏呢？影片中有三處濃重的痕迹：

　　第一個，當洪瑜不得不和家裏給他娶的媳婦成婚的時候，影片給的開脫之詞是「禮教害人」；然後，洪瑜的朋友指責他說：「在這種時代你還會屈服於封建制度之下，眞知道你有沒有人的勇氣，有沒有人的良心」。在 1930 年代，人道思想的普及尤其是在知識分子之中，已經是眾所周知的共識，這是編導敢於沒有顧忌地加上如此表白的社會原因和文化原因。

《南國之春》截圖之十五、十六

　　第二個，當洪瑜通過出國留學考試、報上發表了「留學生放洋」消息的時候，鏡頭在邊上給出一個醒目的大字標題新聞：「日人毆傷華人，……反提三條件」。這是非常明顯的引導標識，把從 1931 年的「九・一八」事變到 1932 年「一・二八」事變引發的緊張的中日關係，以及中國面臨強敵入侵的時代背景傳達給觀眾。因爲，對強權政治的批判、尤其是對當下社會現實敏銳的政治反應和信息傳達，從來都是左翼電影突出的特色之一。

　　第三個，當李小鴻和洪瑜訣別之際，她的臨終囑託是：「我希望你不要爲我傷心……現在是國家多難之秋……鼓起你的勇氣……去救國……去殺……我們的敵人……」。李小鴻言語當中的這些省略號，既是編導對政府電影檢查有意識地掙脫，也是爲了表明這可憐女子語氣的停頓；換言之，除了要增加舊市民電影所常見的生離死別的悲劇氣氛之外，還有對觀眾的現實提醒──這些手法在我看來，都是編導試圖將左翼電影色彩添加到這部舊市民電影的明顯和有力的證據。

丙、《南國之春》VS《啼笑因緣》：題材、審美情趣、城市背景和現代文明氣息上的差異

　　1932 年「一・二八」事變之後，隨著日本侵略中國步伐的加快，中國社

會的政治、經濟和文化被迫發生劇烈的變化。1928 年，以明星影片公司拍攝
《火燒紅蓮寺》爲標誌的武俠電影達到歷史高潮，到了 1931 年「九‧一八」
事變前後電影武俠熱已經基本消退 [3] P136，舊市民電影面臨市場急劇萎縮、觀
眾流失的困境。

　　爲了挽回頹局、重新召回觀眾、佔領電影市場，明星影片公司在 1931 年
「九‧一八」事變前就投入大筆資金，採用剛進入中國不久的電影有聲技術，
將當時最受讀者熱捧的通俗小說大家張恨水的《啼笑因緣》，改編成 6 集電影
隆重上市 [4] P201。《啼笑因緣》製作班底陣容強大，集中了公司全體上下所有
的大牌編、導、演、攝人員，譬如由在主演《火燒紅蓮寺》第 2 集時期躥紅
的影星胡蝶領銜，「明星」老闆之一的張石川親自擔綱導演──結果，《啼笑
因緣》的市場回報是把「明星」公司推到破產邊緣〔註4〕。

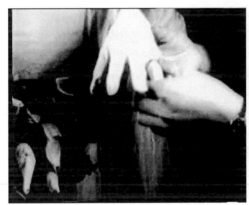

《南國之春》截圖之十七、十八

　　1932 年《啼笑因緣》的徹底失敗，標誌著中國舊市民電影的正式崩盤和
歷史性終結。將《南國之春》和《啼笑因緣》稍作對比，既可以看出「聯華」
和「明星」當時製作路線和電影理念的差異，也可以看到 1932 年，中國國產
電影中帶有左翼色彩的影片和舊市民電影的新舊之別。

〔註 4〕《啼笑因緣》「最初的計劃是拍成上中下三集，後因預測影片將來上映後肯定
　　　　賣座，故又決定擴充成六集，並由全部無聲黑白片改爲部分有聲加部分彩色。
　　　　這是我國自攝的故事片中第一次出現彩色畫面」[6]。《啼笑因緣》後來越拍越
　　　　長，第 2 集的時長是 110 分鐘，第 3 集至第 6 集時長均爲 100 分鐘 [7]。
　　　　《啼笑因緣》失敗後，「明星」痛定思痛，開始效法「聯華」，積極和左翼電
　　　　影人士合作，在 1933 年學習借鑒左翼電影的基礎上，拍攝了《姊妹花》，立
　　　　即成爲當年最賣座的國產影片，從此開啓了新市民電影創作的先河，和左翼
　　　　電影一道，迅速躋身主流電影。

　　首先，雖然相對於完全意義上的左翼電影而言，《南國之春》顯得陳舊，
不過是早期左翼電影色彩的塗抹，但和《啼笑因緣》這樣的典型的舊市民電
影相比，《南國之春》當中新的成分大大增加。譬如就人物而言，《南國之春》
中也有小姐（女主人公李小鴻）、老爺（男主人公洪瑜的爹）、太太（李小鴻
的娘），但新的人物成分大為增加。譬如主要人物不僅是青年學生群體，而且
還是海外留學生。因此，就題材而言，它是表現青年學生生活和情感的，不
是單純的太太小姐、老爺少爺的市民題材。題材變了，趣味變了，人物變了，
當然種種所涉及到的價值觀念也變了。《啼笑因緣》則是一個少爺和三個女性
的系列故事（一個唱大鼓的女藝人，一個交際花，還有一個會拳腳功夫的大
姑娘），還是傳統的舊式的才子佳人再加武俠打鬥的模式和套路，哪如新青年
（「海歸」）這般引人入勝呢？

《南國之春》截圖之十九、二十

　　就審美情趣或者美學標準而言，相對於舊市民電影，尤其是《啼笑因緣》，
更可以見到《南國之春》的新。譬如關於青春、愛情的詮釋。「南國」和「春」
本身就是充滿種種想像、美好聯想的景色，有著舒適的審美愉悅。譬如在影
片中，李小鴻床上思春時候的裸露，以及男主人公的健美身材，都和青春、
和美聯繫在一起。片中胖子丘有為在巴黎和女友親熱，一個 KISS 鏡頭就直接
給上去，時間還相當長。而《啼笑因緣》中胡蝶扮演的交際花何麗娜在舞廳
裏那一段，就只有一個給她膝蓋以下的鏡頭，雖然也特別漂亮〔註5〕。

〔註 5〕這樣的裸露和直接的情感表達在 1930 年代初期的左翼電影或曰早期左翼電
　　　影，譬如《孫瑜編導的《火山情血》（聯華影業公司 1932 年出品），以及完全
　　　意義上的左翼電影或曰經典左翼電影當中所多見，譬如《風雲兒女》（電通
　　　影片公司 1935 年出品）。這可以說明當時共同的審美趣味，而且電影具有紙

　　但在《啼笑因緣》當中，同樣表現青年男女情愛心理和行爲，至少在第一集當中，看到的更多親昵鏡頭都是隱喻交代，不直接表現。譬如樊少爺和沈鳳喜兩情相悅，沈鳳喜說窗簾還沒關，樊少爺去關窗簾，鏡頭淡出；下一個鏡頭就是樊少爺回家時臉上印著兩片口紅。相對於《南國之春》中李小鴻大膽出位的西式睡裙，《啼笑因緣》給何麗娜配置的是過膝長裙，沈鳳喜和繡姑則都是馬蹄袖女裝：其所表現的女性美，是約束在傳統的服飾之下和傳統審美框架之內的。這種情感表現和身體裸露上的差別首先是理念上的，不在於你露出多少，而在於以什麼樣心態來看待。換言之，《啼笑因緣》的審美意識和興趣，不是放在展示青春和戀愛美上，而是把重點放在一個男人和三個女人的周旋上面，而這種周旋的主線說到底又是很庸俗金錢問題。

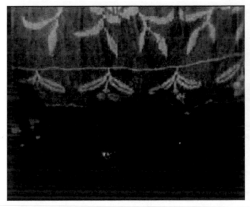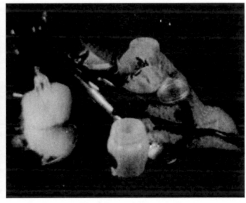

《南國之春》截圖之二十一、二十二

　　《南國之春》的新還體現在城市風格和城市氛圍上，因而具有強烈的現代文明氣息和心理意識。舊市民電影無論是早期的作品如《勞工之愛情》（明星影片公司 1922 年出品），還是 1930 年代初期的作品如《一剪梅》、《桃花泣血記》、《銀漢雙星》以及《南國之春》都寫戀愛，《啼笑因緣》也是如此。但《啼笑因緣》的故事背景放在古都北平，《南國之春》的故事背景卻是南方大城市，（它應該在上海或廣州，因爲男主人公回家探病時說他去香港再坐船北上；可是根據他新婚妻子浪迹舞場的交代，似乎他老家所在也是大城市，否則哪有夜總會可去）。

　　　質文藝作品不可比擬的影像優勢——當時的小說詩歌和散文作品（譬如郁達夫 1932 年寫就的散文名篇《遲桂花》），對於女性身體的描繪和讚美也是所在多見——讓你一次看個夠。

　　這種城市風格和現代心理意識實際上源於西方文明的灌注,因為中國的
現代文明是在西方文明的催化下直接產生的。譬如《南國之春》男女主人公
眉目傳情是在雙方居室的露臺上完成的,(很容易讓觀眾聯想到羅密歐和朱莉
葉之間的愛情表達場面),而這樣傳達情意的場合和方式,顯然只能歸於城市
人際交往屬性。再譬如《南國之春》中青年學生們的遊樂和休閒方式是垂釣,
騎馬,男同學的運動不是打籃球就是打桌球,充滿了現代氣息,或者說只有
城市才有的健身方式。

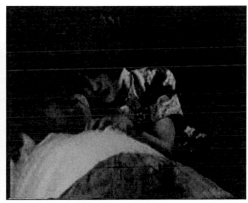

《南國之春》截圖之二十三、二十四

　　對比一下《啼笑因緣》,那裡面人物的休閒娛樂活動是什麼?無非是打
牌、跳舞、逛窯子,正直一些的譬如樊家樹就逛大街:跑到天橋看耍把戲,
結識了身負血債、殺人在逃的關秀姑;為了救這個女人,他結識了交際花何
麗娜;就因為和何麗娜長得象,他又特意去街上聽沈鳳喜唱大鼓——逛大街
不能說沒有城市氛圍和現代氣息,但一般來說至少是趣味不高,不應該是知
識青年的現代生活方式——從這個角度說來,一部《啼笑因緣》,竟全是男青
年沒事兒逛大街惹出來的禍。

　　更何況,如果說《南國之春》多少還有點青年男女追求婚姻和愛情自由
成分的話,那麼,《啼笑因緣》的婚姻愛情觀念則顯得陳舊或世俗(這與左翼
電影是格格不入的):一個男生和三個女生的情感紐帶是以什麼為基礎的?不
僅是金錢,而且是赤裸裸的金錢意識。譬如關繡姑和樊家樹的感情基礎是因
為這個男人仗義疏財,救了她爹一命,繡姑自此對他大有好感(最後以愛報
恩);沈鳳喜和樊家樹的關係變化也是如此,用沈鳳喜的話說就是:「我們這
一大家都指望您過日子呢」;樊家樹和交際花何麗娜的情感也編織在經濟關係

之中：因為他們都是富人〔註6〕。

因此，所謂城市背景和現代文明氣息指的就是新觀念和新的行為意識，《南國之春》和《啼笑因緣》雖然在整體上同屬於舊市民電影，但後者的價值觀和審美觀顯然已經跟不上時代的步伐了。電影為什麼要新？是觀眾要求的新；觀眾為什麼要求新？因為觀眾是新的；觀眾為什麼是新的？因為1930年代是以青年學生為主體，而舊市民電影時代的觀眾主體基本是中下層民眾。而這種不同，說到底，是城市文明和農業文明的差異，是時代發展的必然結果（沒有絕對的對錯、好壞之分，只有時尚與否、觀眾追求不同之別）。

丁、《南國之春》：敘事風格上的轉換和表現技巧

1930年代初期的電影，也就是舊市民電影在向新電影譬如左翼電影演進的過程中，尤其是早期左翼電影或者像《南國之春》這樣具有左翼電影色彩的影片，開始有意識地追求風格上的變化。也就是在完成不失沉重的主題敘述的同時，注意敘述風格的多樣性和審美愉悅，發揚其喜劇傳統的一面。譬如，《南國之春》本是一個悲劇故事，男人主人公不遠千里回國之後，愛他的女人卻死在他懷裏。人生最大痛苦莫過生離死別。但《南國之春》有意識地表現方式上做文章，把電影弄得好看一點。

舊市民電影熱衷於長頭髮和沒長頭髮的惡男鳥女殺來打去、無極功夫黃金甲，以及猴年馬月的神話新編，或者嫁還是不嫁，拎著手絹進來、哭兮兮地出去，是小市民老太太或者家庭婦女的美學品味。而對於1930年代以青年學生為主體的觀眾來說，這些都是難以接受的了。至少，看電影是來享受、欣賞、陶醉，灑一把同情之淚，你把整個電影弄得悲悲戚戚是不行的。因此，在《南國之春》中，有很搞笑的場面出現，譬如劉繼群扮演的胖子動不動就舀飯吃，這是有意加入的滑稽角色和相應戲份。

其實，《南國之春》這類特點和表現，幾乎可以拿來評論一年之後處於高潮中的左翼電影，或者說被後來的左翼電影多有繼承和發揚。譬如聯華影業公司1934年出品《大路》，既是個完全意義上的左翼電影，也不無悲劇意識，但弄出好幾個蹦來蹦去的人物，穿插搞笑。《南國之春》中，隨著男女兩性相

〔註6〕因此，在這種情況下，何麗娜要著重考察的就是男方的道德品行了。譬如影片中有個細節，何麗娜請樊家樹跳舞，樊家樹說不會；呆一會就說想早點回去，不愛在這舞廳待著。何麗娜就覺得這個小夥子像一棵小草一樣比較清純，愛意陡生。

吸的升溫，洪瑜和身邊的好友儼然就是愛情攻略團，一個主攻手，兩個副攻。類似的人物組合在後來的《風雲兒女》（1935）中也有出現。

　　作為主題敘述的強調，左翼電影往往在影片結尾或男女主人公生離死別時沒有兒女情長，反倒做出語重心長的革命化遺囑，《南國之春》是這樣，許多左翼電影也是如此。這在當時是可以理解的：經歷了 1931 年的「九‧一八」事變和 1932 年的「一‧二八」事變以後，中國社會已是一鍋已經燒開了的水。

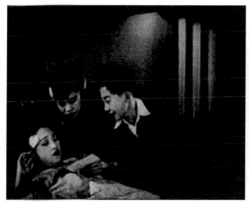 

《南國之春》截圖之二十五、二十六

　　在技術手法或表現技巧上，《南國之春》也有新意可言。就現存影片資料來說，從 1932 年開始，隨著片子一部部看過來，人們會發現，電影的確越來越好看了，觀賞性越來越強。如果從技術指標上衡量，隨著影片製作技術的成熟，電影的表現方式的運用越來越自如和流暢。譬如鏡頭的疊加使用：洪瑜在奉父親之命和鳳飛女士完婚，給新娘套上戒指的時候，就疊化出來李小鴻在苦苦思念的鏡頭，來回兩次，非常流暢。

　　再譬如，當新娘鳳飛有了外心，和那個長小鬍子的男人調笑一夜之後，第二天早上她起來梳妝打扮，她站在鏡子前面，迭出兩個人影來。這個鏡頭的象徵性是很明顯的；可以理解為人物內心的分裂，也可以說她開始有了二心：就當時在公公病床前端莊羞澀的少女形象而言，這就是兩個人，今非昔比，面目全非。

　　提及 1930 年代中國電影高峰的出現，應該承認，任何一個高峰絕不是平地拔起，都有一個藝術積累和漸次發展的過程。《南國之春》的「新」雖然細碎，但不失為鋪墊基礎的石子；《啼笑因緣》固然巨大無比，卻是電影與時代前進的障礙。

《南國之春》截圖之二十七、二十八

戊、多餘的話

　　子、《南國之春》和《啼笑因緣》這種新舊差異，還在影片人物姓名細節上形成一個有趣的對比。譬如《啼笑因緣》中的主人公男的叫樊家樹（老樊家之大樹？）女的不是鳳喜就是繡姑，鄉土氣息濃鬱；何麗娜這個名字倒比較有現代氣息，卻偏偏是個壞女人。這種命名思維其實體現了傳統文化重男輕女和牴觸城市文明的思想精髓。

　　《南國之春》的男主人公叫洪瑜，這就有講究了，至少比大寶或二柱子有品位。另一個男生乾脆就叫丘有為，沒有革命行動但有革命意向。女主人公本是富家小姐，但既沒叫淑珍也不是美娟，而喚作李小鴻：不是紅娘的紅，是鴻雁的鴻──「燕雀安之鴻鵠之志哉？」這就是新青年的品位。

　　丑、《南國之春》的男主人公洪瑜第一次給李小鴻寫信，先提筆寫「親愛的小姐」，覺得不妥，又改成「我最敬仰的小姐」。想一想，不過是幾十年時間，「小姐」這個詞已經發生了天上人間的本質變化。現在誰再敢把自己尊重的女性稱爲「小姐」？──也許，這是一種社會進步的語言表現？〔註7〕

〔註 7〕除了專業鏈接 2：和專業鏈接 3：，以及戊、多餘的話之外，本章的文字部分（約 7800 字），在收入《黑白膠片的文化時態──1922～1936 年中國早期電影現存文本讀解》之前，曾以《論舊市民電影〈啼笑因緣〉的老和〈南國之春〉的新》爲題，發表於《揚子江評論》2007 年第 2 期（南京，雙月刊）；發表時由於格式約定，雜誌版沒有關鍵詞：和閱讀指要：條目。此次收入本書時，除了增添了關鍵詞：條目，將成書版和投稿版的閱讀指要：合併外，乙、的小標題依從雜誌版改過，原成書版之多餘的話、丑移入現在的丙部分。另外，由於《啼笑因緣》是公眾無法見到的中國電影資料館（北京）館藏膠片錄像帶，我無從複製插圖，謹向讀者致歉。特此申明。

《南國之春》截圖之二十九、三十

初稿時間：2004 年 3 月 24 日
初稿錄入：饒頤璐
二稿時間：2007 年 2 月 9 日
二稿錄入：方捷新
三稿校改：2007 年 2 月 11 日
四稿改定：2007 年 12 月 9 日
四稿修訂：2014 年 2 月 23 日

參考文獻

〔1〕中國影視資料館：http：//www.cnmdb.com/.

〔2〕程季華，中國電影發展史：第 1 卷〔M〕，北京：中國電影出版社，
1963。

〔3〕程季華，中國電影發展史：第 1 卷〔M〕，北京：中國電影出版社，
1963。

〔4〕程季華，中國電影發展史：第 1 卷〔M〕，北京：中國電影出版社，
1963。

〔5〕程季華，中國電影發展史：第 1 卷〔M〕，北京：中國電影出版社，
1963。

〔6〕傅艾以，世紀大案〔M〕，北京：漢語大詞典出版社，2001，轉引自：
http：//cul.book.sina.com.cn/y/2004-08-27/78149.html.

〔7〕參見：http：//www.mtime.com/movie/44213/Mtime

主要參考資料目錄

1、《現代中國電影史略》，鄭君里著，上海，良友圖書印刷公司 1936 年版。

2、《感慨話當年》，王漢倫等著，北京，中國電影出版社，1962 年版。

3、《中國電影發展史》，程季華主編，第一卷，北京，中國電影出版社 1963 年版。

4、《中國銀壇外史》，關文清著，香港，廣角鏡出版社 1976 年版。

5、《影壇憶舊》，程步高著，北京，中國電影出版社 1983 年版。

6、《我的探索和追求》，吳永剛著，北京，中國電影出版社 1986 年版。

7、《銀海泛舟——回憶我的一生》，孫瑜著，上海文藝出版社 1987 年版。

8、《胡蝶回憶錄》，胡蝶口述，劉慧琴整理，北京，新華出版社，1987 年版（內部發行）。

9、《民國影壇紀實》，朱劍、汪朝光著，南京，江蘇古籍出版社 1991 年版。

10、《中國左翼電影運動》，陳播主編，北京，中國電影出版社 1993 年版。

11、《三十年代中國電影評論文選》，陳播主編，北京，中國電影出版社 1993 年版。

12、《劍橋中華民國史：1912～1949 年》（下），【美】費正清、費維愷編，劉敬坤、葉宗揚、曾景忠、李寶鴻、周祖義、丁於廉譯，謝亮生校，中國社會科學出版社 1994 年版。

13、《世界電影史》，【法】喬治·薩杜爾著，徐昭、胡承偉譯，北京，中國電影出版社 1995 年版。

14、《中國電影史》鍾大豐、舒曉鳴著，北京，中國廣播電視出版社 1995 年版。

15、《中國無聲電影劇本》，上、中、下卷，中國電影資料館編，北京，中國電影出版社 1996 年版。

16、《中國無聲電影》（中國電影文獻資料叢書）一～四卷，中國電影資料館編，北京，中國電影出版社 1996 年版。

17、《中國無聲電影史》，酈蘇元、胡菊彬著，北京，中國電影出版社 1996 年版。

18、《中國無聲電影》，中國電影資料館編，北京，中國電影出版社 1996 年版。

19、《中國現代文學三十年》〈修訂本〉，錢理群、溫儒敏、吳福輝著，北京大學出版社 1996 年版。

20、《中國電影史》，陸弘石、舒曉鳴著，北京，中國文化藝術出版社 1998 年版。

21、《中國當代文學史教程》，陳思和主編，上海，復旦大學出版社 1999 年版。

22、《中國電影藝術史教程（1949～1999）》舒曉鳴著，北京，中國電影出版社 2000 年第二版。

23、《香港電影之父──黎民偉》，DVD，監製：蔡繼光、羅卡；資料、編劇：羅卡、吳月華；導演：蔡繼光。香港藝術發展局資助，（香港）龍光影業有限公司 2001 年出品。

24、《影史榷略：電影歷史及理論續集》，李少白著，北京，文化藝術出版社，2003 年版。

25、《上海員警：1927～1937》，【美】魏斐德著，章紅、陳雁、金燕、張曉陽譯，周育民校，上海古籍出版社 2004 年版。

26、《上海妓女：19～20 世紀中國的賣淫與性》，【法】安克強著，袁燮銘、夏俊霞譯，上海古籍出版社 2004 年版。

27、《霓虹燈外──20 世紀初日常生活中的上海》，盧漢超著，段煉、吳敏、子羽譯，上海古籍出版社 2004 年版。

28、《二流堂紀事》（圖文增訂本），唐瑜著，北京，生活・讀書・新知三聯書店 2005 年版。

29、《中國電影文化史》，李道新著，北京大學出版社 2005 年版。

30、《老電影、老上海》，DVD，編導：朱晴、彭培軍、劉麗婷；監製：褚嘉驊、應啓明；上海電視臺紀實頻道製作，中國唱片上海公司 2005 年出版發行。

31、《「電戲」的最初輸入與中國早期影壇──爲中國電影百年紀念而作》，范伯群著，《江蘇大學學報》2005 年第 5 期。

32、《中國電影史研究專題》，李道新著，北京大學出版社 2006 年版。

33、《日本電影 100 年》，【日】四方田犬彥著，王眾一譯，北京，生活・讀書・新知三聯書店，2006 年版。

34、《銀海拾貝》，李亦中主編，北京大學出版社 2006 年版。

35、《流氓的盛宴——當代中國的流氓敘事》，朱大可著，北京，新星出版社，2006 年版。

36、《上海灘電影大王張善琨》，艾以著，上海人民出版社 2007 年版。

37、《我的成名與不幸——王人美回憶錄》，王人美口述，解波整理，北京，團結出版社 2007 年版。

38、《雙城故事——中國早期電影的文化政治》，傅葆石著，劉輝譯，北京大學出版社 2008 年版。

39、《歐美電影與中國早期電影（1920～1930)》，秦喜青著，北京，中國電影出版社 2008 年版。

40、《黎民偉評傳》，鳳群著，北京，中國文化藝術出版社 2009 年版。

41、《中國電影史研究專題Ⅱ》，李道新著，北京大學出版社 2010 年版。

42、《中國早期電影史：1896～1937》，胡霽榮著，上海人民出版社 2010 年版。

43、《國民政府電影管理條例（1927～1937)》，顧倩著，北京，中國廣播電視出版社 2011 年版。

44、《童月娟——回憶錄暨圖文資料彙編》，左桂芳、姚立群主編，（臺灣）行政院文化建設委員會、財團法人國家電影資料館 2011 年版。

45、《何非光——圖文資料彙編》，黃仁編，（臺灣）財團法人國家電影資料館 2011 年版。

46、《民國時期的上海電影與城市文化》，〔美〕張英進主編，蘇濤譯，北京大學出版社 2011 年版。

47、《中國早期紀錄電影與國民革命影像檔案》，中國電影資料館編，北京，中國廣播電視出版社 2012 年版。

48、《中國無聲電影翻譯研究（1905～1949)》，金海娜著，北京大學出版社 2013 年版。

跋：「禮失而求諸野」

　　如果單從人物的服飾上講，電影分爲穿衣服的和不穿衣服的兩種。無論哪一種，都是文化的影像反映和即時記錄。單從穿衣服的情況說，只要看看影片中人物的衣著，就大致可以知道那是什麼樣的時代背景，以及影片的主題思想和藝術風格。也正因爲如此，我把這本書命名爲「黑棉襖」。因爲，無論是從當時電影黑白膠片的技術指標，還是從民族文化的表現形式上，「黑」顏色和「棉襖」都與 1920～1930 年代的中國電影的表現形態相吻合，更與當年中華民族的精神氣質相契合。

左爲《西廂記》（民新影片公司 1927 年出品）截圖；右爲《雪中孤雛記》（華劇影片公司 1929 年出品）截圖

　　最近十幾年來，我的一多半教學和學術研究，始終執著於從文化層面讀解中國早期電影即 1949 年之前民國電影，（另外一半的時間和精力用在 1949 年之後的大陸電影，以及從那年起進入大陸的外國電影的讀解工作）。從近百

部現存的、公眾可以看到的早期電影可以證明，1932 年之前的中國電影全部可以被視爲舊市民電影形態，其主要特徵是文化的傳統性、社會批評的保守性，以及藝術表現的低俗性。之後的新電影，無論是左翼電影、新市民電影，還是新民族主義電影（或曰高度疑似政府主旋律的電影），無不是以此爲基礎生發、形成的。

　　實際上，1949 年前，無論中國社會的地緣政治發生怎樣的變動，中國電影的發展格局始終在這個框架內運行，然後，又以不同的側重和流脈影響著1949 年後兩岸三地的電影歷史發展。對這一系統觀點的持續性實證討論的文章，大都收入了我先後出版的《黑白膠片的文化時態——1922～1936 年中國早期電影現存文本讀解》（345p，上海三聯書店 2009 年 10 月版）、《黑夜到來之前的中國電影——1937 年現存國產影片文本讀解》（353p，中國廣播電視出版社 2012 年 1 月版），以及《新世紀中國電影讀片報告》（288p，中國傳媒大學出版社 2014 年 1 月版）這三本書中，尚祈讀者參閱批判。

　　我 30 歲獲得博士學位到大學任教後，無論是私下的書信往來還是公開的教學演講，一直使用繁體字也就是正體字書寫。一開始很多人不理解，譬如每年都會有學生問我爲什麼要寫這樣的字。最讓我感到震驚和悲哀的，是有

一次聽到底下有學生說：哇，這老師寫的是嶺南話。當年，對於比這個稍有點智商的質疑，我基本上只能含糊地回答說，總有一天，中國人都會這麼寫字，並且從精神上、文化上認祖歸宗。這幾年，對我的這種行爲表示好奇和驚訝的人越來越少，因爲大環境改變了。越來越多的人開始覺悟、認識並認同 1949 年前民國文化的魅力，乃至錢理群教授發出「不要走向另一個極端」的提醒〔註1〕。

前幾年，不僅關心和討論民國電影的人越來越多，一些學者和學生還熱情地爲我提供了一些我以前沒有看到過的早期電影視頻文本。這些電影的總數有十幾部，時間跨度從 1927 至 1937 年。本來，我想把這些總數約二十萬字的討論文字集中到一本暫名爲《黑白膠片的文化時態補遺──1927～1937年新公開的現存中國電影文本讀解》的書中，但考慮到篇幅太長、論點與論證對象複雜，所以就只將討論 1922 年～1932 年之間現存的、公眾可以看到的電影，同時也是我認爲屬於舊市民電影形態的文字收集起來，形成現在這本書的模樣，供讀者進一步的批評指正。

左爲《銀漢雙星》（聯華影業公司 1931 年出品）截圖；右爲《一剪梅》（聯華影業公司 1931 年出品）截圖

這些年來，無論同行還是學生，很有人對我從事和癡迷的民國電影研究感到奇怪和困惑。奇怪是不應該的，因爲我當年讀研究生時的專業就是 1917～1949 年階段的中國現代文學，博士論文做的是民國作家郁達夫（1896～1945）的個性氣質與創作心理研究。而早期中國電影或曰民國電影歷史（1905

〔註 1〕錢理群：對待民國 既不要過分理想化也別妖魔化（見南方日報〔微博〕郭珊 2013-06-02，18:43，轉引自騰訊文化→文化視點，網址： http://cul.qq.com/a/20130602/006508.htm）。

～1949），從時間上正好與上述兩個歷史時期重合，至少是大時段地交集和相互覆蓋。至於困惑，其實我自己也有。那就是我不明白我為什麼極容易沉醉於黑白膠片時期的人物和歷史，尤其是那些被時尚青年稱之為過氣美女的民國女性。恍惚記得少年時代讀過的一句外國詩，大意是，我愛你衰老的面容，也愛你鬆弛的肌膚。後半句也許是我自己的想像生成的。因此，我的民國研究一方面固然充滿勞作的艱辛，但另一方面，那個時代的衣香鬢影、淺吟低唱和軟語呢喃，往往使我情不自禁、心嚮往之，感覺到的是與往昔風姿綽約的情人耳鬢廝磨的歡愉。

民國文化最形象的載體、最直接的體現、最有代表性的實質特性，就是早期的中國電影。實際上，從一個特定的角度上說，1910 年代以來的早期中國電影，直接證明著民國文化豐厚、多元和旺盛的生命力。而從受影響的人群規模、層次上說，早期中國電影要遠遠超出小說、詩歌、散文等紙媒文藝形態；從時效性上和表現性的角度上看，即時性的戲劇戲曲表演藝術也不乏局限。所以從這兩點上說，對早期中國電影的接觸，實際上就是既回到民國文化語境，也復活了民國文化精神。唯一需要注意的，就是研究者的「人文激情，否則，孜孜於發現的資料都是沒有生命的，唯有研究者的生命熱量投注進去了，才讓人感受到這些史料都是鮮活鮮活的，就像發生在我們的周邊」〔註2〕。

左為《一剪梅》（聯華影業公司 1931 年出品）截圖，右為《南國之春》（聯華影業公司 1932 年出品）截圖

〔註 2〕陳思和：《序》，見劉曉麗：《異態時空中的精神世界——偽滿洲國文學研究》，華東師範大學出版社 2008 年版，第 6 頁。

實際上，在「黑白膠片」和「黑夜到來之前」兩書出版後，平時除了繼續按照年代順序讀解以後的、公眾可以看到民國電影之外，我又把兩書中的所有的影片又重新寫了一遍，有的影片甚至寫了三到四稿，也就是又寫了三到四篇文章。但這次結集出版的，還是舊稿，依照的，還是我已有的分類體系和形態歸納。所以，之後的專集依次應該是有關左翼電影、新市民電影和新民族主義電影（或曰高度疑似政府主旋律的電影）的專集討論，而這些專集的名字依次暫定爲「黑馬甲：民國時代的左翼電影——1932～1937 年現存中國電影文本讀解」、「黑皮鞋：民國時代的新市民電影——1932～1937 年現存中國電影文本讀解」，以及「黑棉褲——1930 年代中國新民族主義電影（或曰高度疑似政府主旋律的電影）研究」。

從 2009 年結集出版第一本討論民國電影的專著，迄今不過五年，但當年那個精瘦漢子的滿頭烏髮已經大半花白，更可怕的是，現在我坐公共汽車或地鐵時，已經幾次遇到有人給我讓座的情況了。隨著老邁年高，我愈發覺得，凡是「老話」，說的都實在有理，譬如，「家有三件寶，醜妻、近地、老棉襖」。對這「三件寶」的體認只有一個前提，那就是年輪和心境。就我個人而言，我已經明白，現如今依然是「治學不治生」的年代，依然是「君子固窮」的盛世。春寒料峭時節，也就是「乍暖還寒時候」，除了精神上的不放棄，「老棉襖」還是我生活中的日常必需品。因爲它不僅能暖身，還能暖心；只要心是熱的，人就不會淪爲冷血動物。如果你問現今是否還有舊市民電影，看看大陸熱播的電視劇就會明白。這裡面的深層原因，其實是中國民眾的精神追求和文化認同。所謂「禮失求諸野」，庶乎近矣。

袁慶豐

2014 年 2 月 24 日～3 月 8 日

識於北京東郊定福莊養心廊

拾伍部影片信息